En Corée,

Les Missionnaires Français

par

Un ancien Missionnaire

— Lille. Typ. A. Taffin-Lefort. —

M. DEGUETTE

EN CORÉE

LES MISSIONNAIRES FRANÇAIS

PAR

Un ancien Missionnaire.

Ouvrage orné de gravures

PARIS

rue des Saints-Pères, 30

J. LEFORT, IMPRIMEUR, ÉDITEUR

A. TAFFIN-LEFORT, Successeur

rue Charles de Muyssart, 24

LILLE

EN CORÉE

LES MISSIONNAIRES FRANÇAIS

CHAPITRE PREMIER

Le pays.

Situé au nord-est de l'Asie, le royaume de Corée se compose d'une presqu'île de forme oblongue, et d'un nombre d'îles très considérable, surtout le long de la côte ouest. L'ensemble est compris entre le 33°15' et 42°25' de latitude nord; 122°15' et 128°30' de longitude est de Paris. Les habitants de la presqu'île lui assignent une longueur approximative de trois cents lieues, et une largeur de cent trente lieues.

La Corée est bornée au nord par la chaîne des montagnes Chan-Yan-Alin, que domine le Paik-ton-San (montagne à la tête blanche), et par deux grands fleuves qui prennent leur source dans les flancs opposés de cette chaîne.

Le Ya-lou-Kiang (en coréen Apnok-Kang, fleuve du canard vert), coule vers l'ouest et se jette dans la mer Jaune; il forme la frontière naturelle entre la Corée et les pays chinois du Léaotong et de la Mandchourie. Le Mi-Kiang (en coréen Ton-man-Kang), qui va se jeter à l'est dans la mer du Japon, sépare la Corée de la Mandchourie et des nouveaux territoires russes cédés par la Chine en novembre 1860.

Les autres limites sont : à l'ouest et au sud-ouest, la mer Jaune; à l'est, la mer du Japon ; et au sud-est, le détroit de Corée, d'une largeur moyenne de vingt-cinq lieues, qui sépare la presqu'île coréenne des îles japonaises.

La Corée est un pays de montagnes. Une grande chaîne, partant du Chan-Yan-Alin, dans la Mandchourie, se dirige du nord au sud, en suivant le rivage de l'est dont elle détermine les contours, et ses ramifications couvrent le pays presque tout entier.

« En quelque lieu que vous posiez le pied, écrivait un missionnaire, vous ne voyez que des montagnes. Presque partout, vous semblez être emprisonné entre les rochers, resserré entre les flancs des collines, tantôt nues, tantôt couvertes de pins sauvages, tantôt embarrassées de broussailles ou couronnées de forêts.

» Tout d'abord, vous n'apercevez aucune issue; mais cherchez bien, et vous finirez par découvrir les traces de quelque étroit sentier, qui, après une marche plus ou moins longue et toujours pénible, vous conduira sur un sommet d'où vous découvrirez l'horizon le plus accidenté. Vous avez quelquefois, du haut d'un navire, contemplé la mer, alors qu'une forte brise soulève les flots en une infinité de petits monticules aux formes variées; c'est en petit le spectacle qui s'offre ici à vos regards.

» Vous apercevez dans toutes les directions des milliers de pics aux pointes aiguës, d'énormes cônes arrondis, des rochers inaccessibles, et plus loin, aux limites de l'horizon, d'autres montagnes plus hautes encore, et c'est ainsi dans presque tout le pays.

» La seule exception est un district qui s'avance dans la mer de l'Ouest, et se nomme la plaine Naï-po. Mais par le mot de plaine, n'allez pas entendre une surface unie et étendue comme nos belles plaines de France, c'est simplement un endroit où les montagnes sont beaucoup moins hautes, et beaucoup plus espacées que dans le reste du royaume. Les vallées plus larges laissent un plus grand espace pour la culture du riz. Le sol, d'ailleurs fertile, y est coupé d'un grand nombre de canaux, et ses produits sont si abondants que le Naï-po est appelé le grenier de la capitale. »

CHAPITRE II

Les habitants. — Le roi. — Les ministres.

Les Coréens se rattachent au type mongol, mais ils ressemblent beaucoup plus aux Japonais qu'aux Chinois. Ils ont généralement le teint cuivré, le nez court et un peu épaté, les pommettes proéminentes, la tête et la figure arrondies, les sourcils élevés.

Les cheveux sont noirs ; il n'est pas rare cependant de rencontrer des cheveux châtains, et même châtain clair. Beaucoup d'individus n'ont pas de barbe, et ceux qui en possèdent l'ont peu fournie. Ils sont de taille moyenne, assez vigoureux, et résistent bien à la fatigue. Les habitants des provinces du Nord, voisines de la Tartarie, sont beaucoup plus robustes et presque sauvages.

En Corée, comme chez tous les autres peuples de l'Orient, la forme de gouvernement est la monarchie absolue.

Le roi a plein pouvoir d'user et d'abuser de tout ce qu'il y a dans son royaume ; il jouit d'une autorité sans limites sur les hommes, les choses et les institutions ; il a droit de vie et de mort sur tous ses sujets sans exception, fussent-ils ministres ou princes du sang royal. Sa personne est sacrée, on l'entoure de tous les respects imaginables, on lui offre avec une pompe religieuse les prémices de toutes les récoltes, on lui rend des honneurs presque divins. Bien qu'il reçoive de l'empereur de Chine un nom propre en même temps que l'investiture, par respect pour sa haute dignité, il est défendu sous des peines sévères de prononcer jamais ce nom, qui n'est employé que dans les rapports officiels avec la cour de Pékin. Ce n'est qu'après sa mort que son successeur lui donne un nom sous lequel l'histoire devra ensuite le désigner.

Nul Coréen ne peut se présenter devant le roi sans être revêtu de l'habit d'étiquette, et sans des prostrations interminables.

Tout homme à cheval est tenu de mettre pied à terre en passant devant le palais.

Le roi ne peut se familiariser avec aucun de ses sujets. S'il touche quelqu'un, l'endroit devient sacré, et on doit porter toute sa vie un signe ostensible, généralement un cordon de soie rouge, en souvenir de cette insigne faveur.

En droit, le roi s'occupe uniquement du bien général; en fait, de beaucoup d'autres choses.

L'aristocratie étant très puissante en Corée, il semble au premier abord que les princes du sang, les frères, oncles ou neveux des rois, doivent jouir d'un grand pouvoir. C'est tout l'opposé.

Le despotisme est, par essence, soupçonneux et jaloux de toute influence étrangère, et jamais les princes ne sont appelés à remplir aucune fonction importante, ni à se mêler des affaires.

S'ils ne se tiennent pas rigoureusement à l'écart, ils s'exposent à être accusés, sous le plus frivole prétexte, de tentative de rébellion, et ces accusations trouvent facilement crédit. Il arrive très fréquemment que les princes sont condamnés à mort par suite d'intrigues de cour, même quand ils vivent dans la retraite et le silence.

*
* *

Le roi de Corée a trois premiers ministres qui prennent les titres respectifs de : seng-ei-tsieng, admirable conseiller; tsoa-ei-tsieng, conseiller de gauche, (en Corée, la gauche a toujours le pas sur la droite); et ori-ei-tsieng, conseiller de droite.

Viennent ensuite six autres ministres que l'on nomme pan-tso ou juges, et qui sont à la tête des six ministères ou tribunaux supérieurs.

Voici les noms, l'ordre et les attributions de chacun des six ministères :

1° Ni-tso, ministère ou tribunal des offices et des emplois publics.

Ce ministère est chargé de faire choix des hommes les plus capables parmi les lettrés qui ont passé leurs examens, de nommer des emplois, de délivrer des lettres patentes aux mandarins et autres dignitaires, de surveiller leur conduite, de leur donner de l'avancement, de les destituer ou de les changer au besoin.

2° Ho-tso, ministère ou tribunal des finances.

Ce ministère doit faire le dénombrement du peuple, répartir les impôts ou contributions entre les provinces et les districts, veiller aux dépenses et aux recettes, faire tenir en ordre les registres de chaque province, empêcher les exactions, prendre les mesures nécessaires pour les approvisionnements dans les années de disette, etc. Il est aussi chargé de la fonte des monnaies : mais ce dernier point est passé sous silence dans le code de Tsieng-tsong, parce que les traités avec la Chine ne reconnaissent pas au gouvernement coréen le droit de battre monnaie.

3° Nie-tso, ministère ou tribunal des rites.

Ce ministère, institué pour la conservation des us et coutumes du royaume, doit veiller à ce que les sacrifices, les rites et cérémonies se fassent selon les règles, sans innovation ni changement. De lui relèvent les examens des lettrés, l'instruction publique, les lois de l'étiquette dans les réceptions, festins et autres circonstances officielles.

4° Pieng-tso, ministère ou tribunal de la guerre.

Ce ministère choisit les mandarins militaires, les gardes et les guides du roi. Il est chargé de tout ce qui concerne les troupes, le recrutement, les armes et munitions, la garde des portes de la capitale, et les sentinelles des palais royaux. De lui relève le service des postes dans tout le royaume.

5° Hieng-tso, ministère ou tribunal des crimes.

Il est chargé de tout ce qui a rapport à l'observation des lois criminelles, à l'organisation et à la surveillance des tribunaux, etc.

6° Kong-tso, ministère ou tribunal des travaux publics.

Ce ministère est chargé de l'entretien des palais ou édifices publics, des routes, des fabriques diverses, soit publiques, soit particulières, du commerce et de toutes les affaires du roi, telles que son mariage, son couronnement, etc.... Outre les ministres désignés plus haut, on compte encore parmi les grands dignitaires de la cour les sug-tsi et les po-tsieng.

Les premiers sont les historiographes du roi; les seconds sont les commandants des satellites.

CHAPITRE III

Maisons. — Ameublement. — Habillement.

Après avoir raconté tant de choses qui, de près ou de loin, tiennent à l'existence du Coréen, il est bon d'étudier cette existence elle-même dans ses plus petits détails matériels.

Mais cette étude demande une précision et une exactitude que seuls ceux qui ont vécu longtemps en Corée, peuvent bien faire ; c'est pourquoi nous l'empruntons à M. Pourthié, un des meilleurs missionnaires qui ait évangélisé cette région.

« Voulez-vous, écrit-il, voulez-vous avec moi faire une course dans le pays? Je crois que vous n'en aurez guère le courage.

» D'abord vous ne serez chaussé que de sandales de paille, qui permettent l'entrée à la pluie, à la neige, à la boue, et à toutes les malpropretés ; ensuite, comme personne, en Corée, ne se mêle d'entretenir les chemins, vous serez bientôt fatigué de sauter de pierre en pierre ; vous vous lasserez de ces ascensions et descentes continuelles, souvent très rudes ; enfin, si vous n'y faites grande attention, votre orteil qui dépasse le bout de la sandale, et s'avance seul et sans protection, comme une sentinelle perdue, ira heurter contre les pierres ou les tronçons de broussailles, ce qui vous arrachera des cris douloureux et vous forcera de renoncer à votre entreprise.

» Arrêtons-nous plutôt à examiner ces maisons que vous voyez à l'abri du vent dans toutes les vallées, et qui de loin ressemblent à de grandes taches noires sur la neige.

» Vous avez vu quelquefois de misérables cabanes? eh bien, rabattez encore de la beauté et de la solidité des plus pauvres masures que vous connaissez, et vous aurez une idée à peu près exacte des chétives habitations coréennes.

» On peut dire en thèse générale que le Coréen habite sous le chaume, car les maisons couvertes de tuiles sont si rares, soit dans les villes, soit dans les campagnes, qu'on ne pourrait en compter une sur deux cents.

» On ne connaît pas l'art de construire, pour les maisons, des murs en pierre, ou plutôt, la plupart du temps, on n'a pas assez de sapèques pour une telle dépense.

» Quelques arbres à peine dégrossis, quelques pierres, de la terre et de la paille en sont les matériaux ordinaires. Quatre piliers fichés en terre soutiennent le toit.

» Quelques poutrelles transversales auxquelles s'appuient d'autres pièces de bois croisées en diagonale forment un réseau et supportent un mur en terre pétrie de huit à douze centimètres d'épaisseur. De petites ouvertures, fermées par une boiserie en treillis, et recouvertes faute de verre d'une feuille de papier, servent à la fois de portes et de fenêtres.

» Le sol nu des chambres est couvert de nattes bien humbles, si vous les comparez aux nattes

M. Pourthié

de la Chine ou de l'Inde; la misère forcera même souvent à se contenter de cacher le sol sous une couche de paille plus ou moins épaisse.

» Les gens riches peuvent tapisser ces murs de boue d'une feuille de papier, et pour remplacer les planchers et les dalles d'Europe, ils colleront au sol d'épaisses feuilles de papier huilé. Ne cherchez pas des maisons à étages, c'est inconnu en Corée.

» Mais pénétrons dans l'intérieùr, et d'abord ôtez vos sandales : l'usage et la propreté l'exigent.

» Les riches gardent leurs bas seulement, les paysans et les ouvriers sont ordinairement pieds nus dans leurs chambres.

» Une fois entré, tâchez de ne pas heurter la tête contre la terre pétrie et les branchages qui forment plafond; accroupissez-vous plutôt sur la natte, et gardez-vous bien de chercher un siège, car le roi lui-même, lorsqu'il reçoit les prostrations de sa cour, est accroupi sur un tapis, les jambes croisées, à la façon de nos tailleurs. »

*
* *

« Peut-être désirez-vous prendre des notes sur les curieuses choses que vous voyez? Inutile de demander une table, les Coréens n'en ont que pour les sacrifices aux ancêtres et pour les repas. Mettez-donc votre calepin sur le genou, et écrivez comme si c'était pour vous une habitude que vous trouvez toute naturelle et très commode.

» Nous sommes en novembre, et le vent du nord-ouest, tout en procurant un automne sec et serein, vous fera frissonner de froid sur votre natte.

» Vous voulez faire fermer la porte, mais les

nombreux trous pratiqués aux vieux papiers des fenêtres rendent la précaution à peu près inutile. »

*
* *

« Vous vous empressez de jeter un regard sur l'ameublement. Et d'abord, en fait de lits, ne croyez pas découvrir quelqu'un de ces solennels amas de matelas avec baldaquin et draperies. Presque tous les Coréens couchent sur des nattes.

» Les pauvres, c'est-à-dire la majorité, s'étendent dessus sans autre couverture que les haillons dont ils sont revêtus jour et nuit. Ceux qui ont quelques sapèques, se donnent le luxe d'avoir une couverture, et, dans la classe aisée, on y joint un petit matelas d'un à deux centimètres d'épaisseur.

» Tous, riches ou pauvres, ont dans un coin de la chambre un petit tronçon de bois triangulaire, épais de quelques pouces, qui leur sert de traversin.

» Quant aux autres meubles, les pauvres n'en ont aucun. Les gens du peuple ont un bâton transversal sur lequel est suspendu un habit de rechange; les individus à leur aise ont quelques corbeilles hissées sur des barres de bois ou pendues au toit ; chez les riches on trouve des malles assez grossières ; les lettrés, les marchands sont assis près d'une petite caisse qui contient l'encrier, les pinceaux et un rouleau de papier.

» Les jeunes dames ont une petite malle noire

garnie de deux jupes, l'une rouge et l'autre bleue, l'indispensable présent de noces.

» Enfin, chez les grands fonctionnaires et dans les maisons de la haute noblesse, on rencontre quelques livres chinois et des armoires vernissées de modestes dimensions. »

*
* *

« Maintenant, comment serez-vous habillé? J'ai déjà parlé des sandales de paille, je n'essaierai pas de vous les décrire; il faut les voir pour s'en faire une idée. C'est la chaussure ordinaire du pays, surtout dans les voyages. La semelle, tressée en paille de riz, protège un peu la plante du pied contre les cailloux; mais c'est là sa seule utilité. Aussi n'est-ce pas une petite mortification, dans les rigoureux hivers de Corée, de marcher avec ces savattes, les pieds dans la neige ou dans une boue glaciale.

» Pendant l'été, le seul inconvénient est de prendre quelquefois des bains de pieds; mais, lorsque l'eau n'est pas à craindre, votre chaussure a l'avantage d'être moins chaude que nos souliers. Avec ces sandales, vous pouvez faire jusqu'à dix lieues de suite, quelquefois beaucoup moins. Il faut donc à chaque moment les renouveler; toutefois, on le peut sans beaucoup de frais, car leur prix varie de trois à huit sapèques (deux sapèques et demie valent un sou de France).

» D'autres sandales un peu plus belles et plus chères, de même forme, sont confectionnées avec du chanvre ou avec l'écorce de l'arbrisseau *Morus papyrifera*, mais ces dernières se perdent au contact de l'eau. Il y a aussi des souliers en cuir assez bizarres, vilains et incommodes, mais, outre que les quatre-vingt-dix-neuf centièmes de la population ne peuvent pas se permettre un pareil luxe, cette chaussure est bonne tout au plus pour circuler dans la maison : nul n'oserait se mettre en route les pieds chargés de pareilles entraves.

» Mais, au moins, vous aurez des bas, car tout Coréen, lorsqu'il n'est pas occupé aux travaux des champs peut se donner cette satisfaction, à moins qu'il ne soit réduit à une extrême misère.

» N'allez pas croire cependant qu'il s'agit de bas élastiques de soie, de laine, de coton, ou de toute autre matière dont on se sert en Europe pour cet usage; deux simples morceaux de toile grossière cousus de manière à se terminer en pointe et suivre les contours du pied, vous gêneront, si vous voulez, bien souvent, mais enfin ils vous couvriront les pieds, et ce seront vos bas coréens.

» Une culotte aussi ample que celle des zouaves, mais à forme bien moins gracieuse, remplace le pantalon ; des guêtres étroites et en toile viennent se nouer sur le genou et retiennent les jambes de la culotte plissées contre les mollets.

» Pour couvrir le haut du corps vous aurez une veste, qui, pour la forme et la longueur, correspond à la carmagnole que portent les paysans français dans certaines provinces.

» Les propriétaires à l'aise et qui ne travaillent pas revêtent ordinairement par dessus un habit, pourvu de larges manches, fendu sur les côtés, et qui retombe jusqu'aux genoux par devant et par derrière, à peu près de la même manière que le grand scapulaire des religieux carmes; les paysans, au contraire, ne revêtent cet habit que lorsqu'ils sont en voyage ou en visite.

» La mode s'est introduite de le remplacer, en hiver, par une redingote, qui, chez les dignitaires, doit toujours être fendue par derrière comme nos redingotes françaises, tandis que les personnes ordinaires ne peuvent pas la porter fendue.

» Enfin, un surtout de cérémonie et qui ne diffère de celui que nous venons de décrire que par ses manches encore plus larges, couronne le tout et sert dans les voyages ou dans les grandes circonstances.

» Ni le rasoir, ni les ciseaux ne passent jamais sur la tête ou sur la barbe du Coréen. Dans ces derniers temps où tout dégénère, en Corée comme ailleurs, les jeunes gens se permettent quelquefois de raser une partie de la tête, afin que les cheveux relevés ne forment pas un chignon disgracieux par trop d'épaisseur, mais c'est une violation des règles. Les enfants des deux sexes tressent leurs longs cheveux et les ramènent par derrière en forme de queue. L'époux avant d'aller chercher sa fiancée, retrousse ses cheveux et les noue sur le sommet de la tête; la fiancée, de son côté, achète, suivant ses facultés, force faux cheveux, les ajoute à sa queue, et forme ainsi une longue et grosse corde qui se roule sur la tête en plusieurs tours. Cette masse de cheveux lourde et informe ne peut être que très disgracieuse aux yeux des étrangers; pour le Coréen, au contraire, c'est du plus haut ton et du meilleur goût. Les femmes et les enfants vont toujours nu tête; l'homme marié retient ses cheveux contournés en haut par le moyen d'un serre-tête en crin tressé en filet.

» Enfin un chapeau ridicule complète l'habillement. Imaginez un tuyau fermé, rond comme dans les chapeaux européens, mais beaucoup plus étroit et légèrement conique, qui s'ajuste sur le sommet du crâne, et dans lequel le chignon des cheveux peut seul pénétrer. Ce tuyau a des ailes comme les chapeaux d'Europe, mais des ailes si démesurées que souvent le tout forme un cercle de plus de soixante centimètres de diamètre. La charpente de ce chapeau est constituée de morceaux de bambou découpés dans leur longueur en fils très déliés : sur cette charpente on tend une toile de crin tressée à jour. Comme ce chapeau ne pourrait seul rester fixé sur le chignon, des cordons que les fonctionnaires publics ornent de globules d'ambre jaune ou d'autres globules précieux, suivant leur fortune et leur dignité, viennent le rattacher sous le menton. Ce chapeau ne préserve ni de la pluie, ni du froid, ni même du soleil ; mais, en revanche, il est très incommode, surtout quand le vent le fait branler sur la tête.

» Tous les habits sont communément en toile grossière de coton, et confectionnés Dieu sait comment. »

CHAPITRE IV

Religions. — Superstitions. — Mariages. Famille.

Les Coréens sont pratiquement les plus superstitieux des hommes.

Ils voient le diable partout; ils croient aux jours fastes et néfastes, aux lieux propices ou défavorables; tout leur est un signe de bonheur ou de malheur. Sans cesse ils consultent le sort et les devins; ils multiplient les conjurations, les sacrifices, les sortilèges, avant, pendant et après toutes leurs actions ou entreprises importantes.

Dans chaque maison, il y a une ou deux cruches en terre pour renfermer les dieux pénates : le protecteur de la naissance et de la vie; le protecteur des habitations, etc..., et de temps en temps on fait devant ces cruches la grande prostration. Si quelque accident arrive en passant sur une montagne, on est tenu de faire quelque offrande au génie de la montagne.

Les chasseurs ont des observances spéciales pour les jours de succès ou d'insuccès; les matelots plus encore, car ils font des sacrifices et offrandes à tous les vents du ciel, aux astres, à la terre, à l'eau. Sur les routes, et surtout au sommet des collines, il y a de petits temples ou seulement des tas de pierres; chaque passant accrochera au temple un papier, ruban, ou autre signe, ou jettera une pierre dans le tas.

Le serpent est là, comme partout et toujours chez les païens, l'objet d'une crainte superstitieuse; très peu de Coréens oseraient en tuer un. Quelquefois même ils fournissent de la nourriture en abondance et régulièrement aux serpents qui se logent dans les toits ou les murailles de leurs masures. On peut juger par là combien nombreux doivent être les charlatans, astrologues, devins, jongleurs, diseurs de bonne aventure de l'un et de l'autre sexe, qui vivent en Corée de la crédulité publique. On en rencontre partout qui, moyennant finance, viennent examiner les terrains propres pour bâtir ou pour enterrer, déterminer par le sort les jours favorables pour les entreprises, tirer l'horoscope des futurs époux, prédire l'avenir, conjurer les malheurs ou les accidents, chasser le mauvais air, réciter des formules contre telle ou telle maladie, exorciser les démons, etc..., et toujours avec grandes cérémonies, force tapage, et quantité de nourriture, car la gloutonnerie des devins est proverbiale en Corée.

Ceux qui ont le plus de succès et de réputation dans ce métier, sont les aveugles qui, presque tous, l'exercent depuis leur bas âge, et transmettent leurs secrets aux enfants affligés de la même infirmité. C'est pour ainsi dire leur office naturel, et le plus souvent leur seul moyen de subsistance. Dans les districts éloignés, chacun d'eux exerce séparément, à ses risques et périls : mais dans les villes et surtout à la capitale, ils forment une corporation puissamment organisée, qui est reconnue par la loi, et qui paye des impôts u gouvernement. Seuls, ils ont droit de circuler

Manière de voyager en Corée. Porteurs de Palanquin.

dans les rues pendant la nuit. Le jour on les rencontre, deux ou trois ensemble, poussant un cri spécial pour attirer l'attention de ceux qui peuvent avoir besoin de leurs services.

On les fait venir pour indiquer l'avenir, découvrir les choses secrètes, tirer les horoscopes, mais surtout pour chasser les diables.

Dans ce dernier cas, il convient qu'ils soient plusieurs ensemble; leurs cérémonies ont alors une action plus rapide et plus efficace. Ils commencent par psalmodier diverses formules d'une voix grave et lente, puis peu à peu haussent le ton, en s'accompagnant du roulement monotone et de plus en plus rapide de leurs bâtons sur le plancher et sur des vases de terre et de cuivre. Ils entrent bientôt dans une espèce de frénésie étrange; le rhythme de leurs chants devient de plus en plus saccadé, et à la fin c'est un vacarme affreux de hurlements et de vociférations diaboliques.

En tous pays le mariage est une cérémonie, en Corée comme ailleurs, quoique la cérémonie ne soit pas très compliquée.

Lorsque les enfants ont atteint l'âge du mariage ce sont les parents qui les fiancent et les marient, sans les consulter, sans s'inquiéter de leurs goûts, et souvent même contre leur gré. De part et d'autre on ne s'occupe que d'une chose, la convenance de rang et de position, entre les deux familles. Peu importent les aptitudes des futurs époux, leur caractère, leurs qualités ou leurs défauts physiques, leur répugnance mutuelle. Le père du garçon se met en relation avec le père de la fille, de vive voix s'ils demeurent dans le voisinage l'un de l'autre, par lettre s'ils sont trop éloignés. On discute les diverses conditions du contrat, on convient de tout, on marque l'époque qui semble la plus favorable d'après les calculs des devins ou astrologues, et cet arrangement est définitif.

Au jour fixé on prépare dans la maison de la

jeune fille une estrade plus ou moins élevée, ornée avec tout le luxe possible; les parents et amis sont invités et s'y rendent en foule.

Les futurs époux qui ne se sont jamais vus, ni jamais adressé la parole, sont amenés solennellement sur l'estrade; ils se saluent sans mot dire, puis se retirent chacun de son côté.

La jeune mariée rentre dans l'appartement des femmes, et le marié demeure avec les hommes dans les salons extérieurs où il se réjouit avec tous ses amis et les fête de son mieux. Quelque considérables que puissent être les dépenses, il doit s'exécuter de bonne grâce; sinon, on emploiera tous les moyens imaginables, jusqu'à le lier et le suspendre au plafond, pour le forcer à se montrer généreux.

La salutation réciproque, dont nous venons de parler, signifie le consentement, et constitue le mariage légitime.

Dès lors le mari, à moins qu'il n'ait répudié sa femme dans les formes voulues, peut toujours et partout la réclamer; et l'eût-il répudié, il lui est interdit de prendre lui-même une autre femme légitime, du vivant de la première, mais il reste libre d'avoir autant de concubines qu'il en peut nourrir.

La femme épousée légitimement, à moins qu'elle ne soit veuve ou esclave, entre en tout et pour tout en participation de l'état social de son mari. Quand même elle ne serait pas noble de naissance, elle le devient si elle épouse un noble, et ses enfants le sont aussi. Si deux frères, par exemple, épousent la tante et la nièce, et que la nièce tombe en partage à l'aîné, elle devient par le fait la sœur aînée, et la tante sera traitée comme la sœur cadette, ce qui, dans ce pays, fait une énorme différence.

En Corée, comme dans la plupart des pays d'Orient, les liens de famille sont beaucoup plus resserrés et s'étendent beaucoup plus loin, que chez les peuples européens de notre époque. Tous les parents jusqu'au quinzième ou vingtième degré, quelle que soit d'ailleurs leur position sociale, qu'ils soient riches ou pauvres, savants ou ignorants, fonctionnaires publics ou mendiants, forment un clan, une tribu et, pour parler plus juste, une seule famille, dont tous les membres ont des intérêts communs et doivent se soutenir réciproquement.

A la mort du père, le fils aîné prend sa place : il conserve la propriété. Les cadets reçoivent de leurs parents des donations plus ou moins importantes à l'époque de leur mariage, et dans certaines autres circonstances, selon l'usage, le rang et la fortune des familles; mais tous les biens restent à l'aîné, qui est tenu de prendre soin de ses frères comme de ses propres enfants. Ses frères, de leur côté, le regardent comme leur père, et quand il est condamné à la prison ou à l'exil, lui rendent les mêmes services qu'à leur propre père.

En général, les rapports entre parents sont d'une grande cordialité.

La maison de l'un est la maison de tous, les ressources de l'un sont à peu près celles de tous, et tous appuient celui d'entre eux qui a quelque chance d'obtenir un emploi ou de gagner de l'argent, parce que tous en profiteront.

MGR DAVELUY

C'est là l'usage universel, et la loi le reconnaît, car on fait payer aux plus proches parents non seulement les impôts et contributions qu'un des leurs ne paye pas, mais même les dettes particulières qu'il ne peut pas ou ne veut pas acquitter.

Les tribunaux prononcent toujours dans ce sens,

et il ne vient à l'esprit de personne de s'en plaindre ou de protester.

« Dernièrement, écrivait en 1855 Mgr Daveluy, un jeune homme de plus de vingt ans fut traduit devant un mandarin pour quelques francs de cote personnelle dus au fisc, et qu'il se trouvait dans l'impossibilité de payer. Le magistrat, prévenu d'avance, arrangea l'affaire d'une manière qui fut fort applaudie.

» — Pourquoi n'acquittes-tu pas tes contributions? demanda-t-il au jeune homme.

» — Je vis difficilement de mes journées de travail, et je n'ai aucune ressource.

» — Où demeures-tu?

» — Dans la rue.

» — Et tes parents?

» — Je les ai perdus dès mon enfance.

» — Ne reste-t-il personne de ta famille?

» — J'ai un oncle qui demeure dans telle rue, et vit d'un petit fonds de terre qu'il possède.

» — Ne vient-il pas à ton aide?

» — Quelquefois, mais il a lui-même ses charges, et ne peut faire que bien peu pour moi.

» Le mandarin sachant que le jeune homme parlait ainsi par respect pour son oncle, et qu'en réalité celui-ci était un vieil avare, fort à son aise, qui abandonnait le pauvre orphelin, continua de le questionner.

» — Pourquoi, à ton âge, n'es-tu pas encore marié?

» — Est-ce donc si facile? Qui voudrait donner sa fille à un jeune homme sans parents et dans la misère?

» — Désires-tu te marier?

» — Ce n'est pas l'envie qui me manque, mais je n'ai pas le moyen.

» — Eh bien! je m'en occuperai; tu me parais un honnête garçon, et j'espère en venir à bout. Avise au moyen de payer la petite somme que tu dois au gouvernement, et dans quelque temps je te ferai appeler.

» Le jeune homme se retira, sans trop savoir ce que tout cela signifiait. Le bruit de ce qui s'était passé en plein tribunal arriva bientôt aux oreilles de l'oncle, qui, honteux de sa conduite, et craignant quelque affront public de la part du mandarin, n'eut rien de plus pressé que de faire des démarches pour marier son neveu. L'affaire fut rapidement conclue, et on fixa le jour de la cérémonie. La veille même, lorsqu'on venait de relever les cheveux du futur époux, le mandarin, qui se faisait secrètement tenir au courant de tout, le rappelle au tribunal et lui réclame l'argent de l'impôt. Le jeune homme paye immédiatement.

» — Et quoi! dit le mandarin, tu as les cheveux relevés. Es-tu déjà marié? Comment as-tu fait pour réussir si vite?

» — On a trouvé pour moi un parti convenable, et mon oncle ayant pu me donner quelques secours, les choses sont conclues, je me marie demain.

» — Très bien ! mais comment vivras-tu ? As-tu une maison ?

» — Je ne cherche pas à prévoir les choses de si loin, je me marie d'abord; ensuite j'aviserai.

» — Mais en attendant, où logeras-tu ta femme?

» — Je trouverai bien chez mon oncle ou ailleurs un petit coin pour la caser, en attendant que j'aie une maison à moi.

» — Et si j'avais le moyen de t'en faire avoir une?

» — Vous êtes trop bon de penser à moi, cela s'arrangera peu à peu.

» — Mais enfin, combien te faudrait-il pour te loger et t'établir ? Ce n'est pas petite affaire.

» — Il me faudrait une maison, quelques meubles, et un petit coin de terre à cultiver.

» — Deux cents nhiangs (environ quatre cents francs) te suffiraient-ils ?

» — Je crois qu'avec deux cents nhiangs je pourrais m'en tirer très passablement.

» — Eh bien ! j'y songerai. Marie-toi, fais bon ménage, et sois plus exact désormais à payer tes impôts.

» Chaque mot de cette conversation fut répété à l'oncle; il vit qu'il fallait s'exécuter sous peine de devenir la fable de toute la ville, et quelques jours après ses noces, le neveu eu à sa disposition une maison, des meubles, et les deux cents nhiangs dont avait parlé le mandarin. »

CHAPITRE V

Les jeux. — Les fêtes.

Le jeu d'échecs est très répandu en Corée, et, on prétend qu'il y a des joueurs capables de tenir tête aux Chinois les plus habiles. Ils ont aussi une espèce de jeu de dames, beaucoup plus compliqué que le nôtre, le trictrac, le jeu d'oie, et divers autres jeux d'adresse ou de hasard.

Mais celui qui a le plus de vogue, est le jeu de cartes, lequel est interdit par la loi. On ne le permet qu'aux soldats qui font la veillée dans un poste quelconque, pour les empêcher de s'endormir, et on prétend qu'en temps de guerre, c'est la plus sûre sauvegarde des camps contre les surprises et les attaques nocturnes.

Malgré la prohibition, ce jeu est en grand usage, surtout parmi les gens du peuple, car les nobles le regardent comme au-dessous de leur dignité. On y joue la nuit, en cachette, en dépit des amendes et des punitions que les tribunaux infligent journellement. Il y a des bandes de joueurs qui y passent leur vie, et n'ont pas d'autre métier. Ce sont presque toujours des filous qui escroquent à leurs dupes des sommes considérables et mènent grand train sans s'inquiéter de la loi.

Les prétoriens et autres agents de l'autorité ferment les yeux sur leurs contraventions, tantôt parce qu'ils sont secrètement payés pour se taire, souvent aussi parce qu'ils redoutent la vengeance de ces individus qu'ils savent être peu scrupuleux, déterminés et capables de tout.

A la capitale et dans quelques autres grandes villes, beaucoup de gens inoccupés passent leur temps à lancer des cerfs-volants, surtout pendant un ou deux mois d'hiver quand souffle le vent du Nord. La foule se presse à ce spectacle; chacun examine les soubresauts de ces cerfs-volants, et en tire des pronostics pour le bon ou mauvais succès des affaires dans lesquelles il est alors engagé. Souvent on se porte des défis mutuels, à qui usera et coupera le plus vite la corde de son voisin, en faisant rencontrer les cerfs-volants dans les airs, et là-dessus s'engagent des paris quelquefois considérables.

Les Coréens, nobles et gens du peuple, s'amusent volontiers à tirer de l'arc. Cet exercice est encouragé par le gouvernement qui y voit un moyen de former de bons archers. A certaines époques de l'année, les villes et les villages un peu considérables donnent des prix au concours pour les plus habiles tireurs, et quelquefois les mandarins en envoient d'autres aux frais du trésor public.

Souvent aussi il y a des boxes ou luttes à coups

de poing, entre des champions choisis, de village contre village, ou de certains quartiers d'une ville contre les autres.

Chaque année, à Séoul, pendant la première lune, on a le spectacle d'une de ces luttes, qui ordinairement dégénère en un combat acharné. On commence à coups de poing, mais l'on continue à coups de bâton et de pierres, et cela dure plusieurs jours, pendant lesquels il est impossible de circuler sans danger dans les rues.

D'habitude, il reste quatre ou cinq morts sur le terrain, les blessés et les estropiés ne se comptent pas ; mais le gouvernement n'intervient jamais, et laisse les choses suivre leur cours, sous prétexte qu'il s'agit d'un jeu.

*
* *

Le jour de l'an est une des plus anciennes fêtes pour toutes les classes de la société coréenne, et la manière de le célébrer offre une certaine analogie avec nos usages d'Europe.

La plupart des travaux sont interrompus dès le troisième jour qui précède la fin de l'année, afin de donner à tous le temps de regagner le toit paternel ou de rejoindre leur famille. Très peu de personnes passent cette époque hors de leurs maisons, et si quelque pauvre portefaix ou commissionnaire est forcé par des retards malencontreux de séjourner dans une auberge le jour de l'an, presque toujours l'aubergiste lui donne la nourriture gratis. A cette époque, les mandarins évitent de faire des arrestations, et leurs tribunaux sont fermés. Il y a plus : beaucoup de prisonniers, détenus pour des affaires de peu d'importance, obtiennent un congé plus ou moins long, afin d'aller rendre leurs devoirs à leurs parents vivants et morts.

Les fêtes passées, ils doivent d'eux-mêmes revenir, et reviennent, en effet, se constituer prisonniers.

Les familles riches célèbrent aussi l'anniversaire de la naissance de chacun de leurs membres par une réunion et un festin ; chez les pauvres on ne tient compte que du jour de naissance du chef de la maison.

Ce jour-là, on invite les voisins à un petit régal. Entre tous ces anniversaires, le plus célèbre est celui de la soixante et unième année. Les Coréens suivent le cycle chinois de soixante ans, et chacune des années porte un nom particulier, comme chez nous les noms des jours de la semaine ou des mois de l'année.

Cette période de soixante ans une fois écoulée, les années de même nom recommencent dans le même ordre, et l'année de la naissance se présente après une révolution entière du cycle.

Cet anniversaire, appelé Hoan-kap, est en ce pays l'époque la plus solennelle de la vie. Riches et pauvres, nobles et gens du peuple, tous ont à cœur de fêter dignement ce jour où l'âge mûr finit, où commence la vieillesse. Celui qui atteint cet âge est censé avoir rempli sa tâche, achevé sa carrière, il a bu à longs traits la coupe de l'existence, il ne lui reste qu'à se souvenir et à se reposer.

Lorsque la reine-mère, la reine, et surtout le roi, atteignent la soixantaine, le royaume entier doit prendre part à la fête. Toutes les prisons s'ouvrent par la proclamation d'une amnistie générale, et il y a une session extraordinaire d'examens pour conférer les grades littéraires.

Tous les dignitaires de la capitale vont en personne présenter au roi leurs hommages et leurs vœux.

Dans chaque district, le mandarin précédé de la musique, escorté de ses prétoriens et satellites, suivi de toute la population, se rend au chef-lieu, à l'endroit où est exposée en grand apparat la tablette qui représente le roi, et se prosterne humblement pour lui offrir ses congratulations personnelles et celles de ses subordonnés.

Ce jour est, pour tous, une fête chômée de premier ordre.

Tous les soldats de la capitale reçoivent quelque marque de la munificence royale. Des tables richement servies, des cadeaux de prix, sont envoyés aux ministres, aux fonctionnaires du palais, aux grandes familles nobles, à tous ceux qui ont quelque crédit à la cour.

Malheureusement pour le peuple, ces grandes fêtes se donnent à ses dépens. Le plus souvent, c'est au moyen de rapines, de concussions, d'extorsions de toute espèce, que les parents du roi, les ministres et autres grands personnages se procurent les ressources nécessaires.

Un de ces Hoan-kap a été, sous ce rapport, scandaleux entre tous : c'est celui de Kim Moun-keun-i, beau-père du roi Tchiel-tsong, célébré à la fin de 1861.

Dès les premiers jours de l'automne, toutes les productions rares des provinces affluèrent à sa maison. On y expédia des centaines de bœufs, des milliers de faisans, des fruits en quantité énorme. Les mandarins, tant pour obéir à l'usage que pour s'attirer les bonnes grâces d'un homme aussi influent, luttaient à qui ferait les plus riches offrandes, en argent et en produits de leurs districts ou préfectures.

Le gouverneur de la province de Tsiong-tsieng fut destitué, quelques jours après la fête, pour n'avoir envoyé que la misérable somme de mille nhiangs (environ deux mille francs), tandis que les autres, plus généreux, avaient expédié huit, dix, quelques-uns même vingt mille francs. M. Pourthié raconte qu'un vieux mandarin de sa connaissance, criblé de dettes et sans le sou, ne put absolument rien envoyer. Kim Moun-keun-i voulait le punir sévèrement.

— Ne touchez pas à cet homme, lui dirent les ministres; pour avoir osé vous insulter ainsi, il faut certainement qu'il soit bien déterminé, et qu'il ait des moyens secrets de braver votre colère; il est prudent de le laisser tranquille.

CHAPITRE VI

Origines de l'église de Corée.

L'Église de Corée a des origines très particulières, marquées d'un caractère spécial de sagesse humaine guidée par la sagesse divine. Elle n'a pas été créée par le zèle des missionnaires, comme les Églises de l'Annam, du Japon ou de la Chine ; des philosophes et des lettrés furent ses premiers fidèles et ses premiers apôtres.

Vers la fin du XVIIIe siècle, un lettré de noble famille, Ni-tek-tso, surnommé Pick-i, ouvrit par hasard un traité de la religion catholique, écrit en chinois et emporté en Corée avec divers ouvrages scientifiques.

Ravi d'admiration à la lecture de ces maximes, qu'il trouve bien supérieures à celles qu'il a étudiées jusqu'alors dans les autres philosophies, il est désireux de les connaître plus à fond. Un de ses amis, lettré comme lui, doit cette année même accompagner l'ambassade annuelle ; il va le trouver, lui raconte la découverte qu'il vient de faire d'une doctrine merveilleuse, et le conjure de se mettre en relations avec les chrétiens qui habitent la capitale, et de lui rapporter des livres plus complets sur leur religion.

En 1784, le lettré accomplit sa promesse, il se met en rapport avec l'évêque de Pékin, Mgr Alexandre de Govea. Il visite les églises, assiste aux cérémonies du culte, étudie la doctrine et enfin, la veille de son départ, reçoit le baptême avec le nom de Pierre.

Le voici de retour à Séoul. Il raconte à Pick-i toutes les merveilles qu'il a vues, et lui remet des livres en grand nombre, des croix, des images et divers présents que lui ont faits les missionnaires. Puis, peu de temps après, il le baptise et lui donne le nom de Jean-Baptiste. Un autre lettré de leurs amis, Kouem-Il-sin-I, reçoit également le baptême.

Immédiatement, tous les trois commencent à répandre la vérité religieuse, s'adressant de préférence aux hommes éclairés et renommés par leur sagesse, et ils ont le bonheur de les convertir.

Une persécution sanglante, quoique contenue par la modération personnelle du roi, éclate, mais ne décourage personne. Enfin, en 1794, dix ans après le baptême du premier converti, un prêtre chinois, Jacques Tsiou, arrive en Corée, où il trouve plus de 4,000 chrétiens.

Il n'avait alors que vingt-quatre ans ; mais sa grande piété, son habileté dans la littérature chinoise et dans les sciences ecclésiastiques, sa physionomie assez semblable à celle des Coréens, décidèrent l'évêque à le choisir pour cette belle et périlleuse entreprise.

Le P. Jacques Tsiou, muni de tous les pouvoirs ordinaires et extraordinaires, pour exercer le ministère apostolique, partit donc de Pékin, au mois de février 1794. Après vingt jours de marche, il arriva aux frontières de la Corée. Des chrétiens l'attendaient, afin de l'introduire et de le conduire jusqu'à la capitale; mais comme la surveillance était alors très sévère, par suite des ordres donnés pendant la persécution, il fut convenu que la tentative serait différée jusqu'au mois de décembre. En attendant l'époque fixée, le missionnaire visita les chrétientés de la Tartarie, voisines de la Corée, comme l'évêque de Pékin le lui avait ordonné dans le cas où il ne pourrait pas pénétrer immédiatement en Corée.

Au mois de décembre, le P. Tsiou revint à Pien-men, où Sabas Tsi et d'autres chrétiens s'étaient rendus, pour lui servir de guides. Le prêtre changea ses habits, arrangea ses cheveux à la Coréenne, et, vers le milieu de la nuit du 23 décembre 1794, franchit le fleuve Apnok, la terrible barrière qui le séparait de la Corée. D'autres chrétiens l'attendaient sur la rive coréenne du fleuve, à Ei-tsiou, vis-à-vis Pien-men, et le conduisirent jusqu'à la capitale, où il parvint au commencement de l'année 1795. Son arrivée causa une joie et une consolation inexprimables aux chrétiens, qui le reçurent comme un ange descendu du ciel.

Le P. Tsiou fut logé dans la maison préparée par Mathias T'soi au quartier nord de la ville. Il commença par faire préparer ce qui était nécessaire pour la célébration du saint sacrifice, et se livra tout entier à l'étude de la langue coréenne, afin de pouvoir, le plus tôt possible, exercer le saint ministère. Le jour du Samedi-Saint, il baptisa plusieurs adultes, suppléa les cérémonies de ce sacrement à quelques autres, et reçut un certain nombre de confessions par écrit. Enfin, le jour de Pâques, il eut pour la première fois, en Corée, le bonheur de célébrer la sainte messe et de donner la communion aux personnes qu'il avait confessées la veille.

Mais bientôt le gouvernement apprit qu'un prédicateur de la religion chrétienne avait pénétré dans le royaume, il connut ses introducteurs et aussitôt il les fit arrêter, condamner à la peine capitale et exécuter.

Pendant qu'on mettait à mort ceux qui l'avaient introduit en Corée, et qu'on faisait de tous côtés des recherches pour le saisir, le P. Tsiou était caché dans le bûcher d'une femme chrétienne, enfin il fut arrêté et jeté en prison.

Les ministres tinrent plusieurs fois conseil à son sujet, avant de prendre une résolution définitive. Quelques-uns opinaient pour le renvoyer en Chine, et le faire remettte entre les mains de l'empereur, d'après une convention internationale portant que « tout sujet de l'un des deux royaumes, » qui sera trouvé sur le territoire de l'autre, » doit être renvoyé à son propre souverain. »

Malgré ce texte formel, le plus grand nombre ne pouvant se résigner à laisser ainsi impuni le chef d'une religion qu'ils poursuivaient avec rage, votèrent pour le mettre à mort, et obtinrent le consentement de la régente. Voici dans quels termes celle-ci fit rédiger la sentence :

« Le 19 de la quatrième lune. Affaire du coupable Tsiou-Moun-mo, de l'affreuse race des étrangers. Lui-même s'appelle maître de religion et père spirituel. Cachant avec soin son ombre et les traces de ses pas, il a surpris et trompé une foule d'hommes et de femmes, et établi la règle de conférer le baptême. Tout ce qu'il dit n'est qu'une suite de paroles vaines et mensongères. Pendant sept à huit ans, il a détourné dans une fausse voie l'esprit du peuple, et, semblable à une inondation toujours croissante, sa doctrine, en se répandant, est devenue une calamité inquiétante, car ceux qui la suivent doivent nécessairement arriver à un état bien au-dessous de celui des sauvages et des animaux. Mais voici que, par un heureux destin, le ciel se chargeant de le poursuivre, le coupable s'est livré lui-même aujourd'hui. Ayant échappé aux satellites, il y a quelques années, il a continué depuis à répandre autour de lui et au loin ses fausses doctrines ; maintenant qu'il a été mis en prison, le peuple de la capitale et des provinces peuvent facilement reconnaître son illusion. Si l'on considère sa condition, il n'est que d'une origine basse et méprisable; sa conduite est uniquement celle d'un fourbe et d'un artificieux. Pour sa punition, nous pensons qu'il est convenable de lui appliquer la loi militaire. On le conduira donc au tribunal militaire, pour qu'il soit exécuté selon les formes en usage, et que son supplice fasse impression sur la foule. Nous en chargeons le général du poste nommé O Iang-tsieng. Telle est notre volonté. »

Ce général ne voulut pas accomplir une semblable mission. Il feignit une maladie qui l'empêchait de sortir, et un autre général fut nommé pour le remplacer. Au moment de sortir de la prison, le prêtre reçut la bastonnade sur les jambes, selon l'usage constant en pareille circonstance.

Ensuite, il se rendit avec allégresse vers le lieu des exécutions militaires nommé No-teul, ou encore Minom-tô, situé à une lieue de la ville.

Porté en litière, il dominait ceux qui l'entouraient, et en passant sur la place du marché, il regarda paisiblement toute la foule des curieux, puis dit qu'il avait soif et demanda du vin. Les soldats lui en donnèrent une tasse qu'il but en entier.

Lorsqu'il fut arrivé au lieu du supplice, on lui fixa une flèche dans chaque oreille, et on lui présenta le résumé de son procès, avec la sentence, pour qu'il prît lecture de ces diverses pièces. Quoique cet écrit fût fort long, il le lut tout entier avec le plus grand calme, puis élevant la voix, il dit au peuple assemblé :

MGR RIDEL

— Je meurs pour la religion du Seigneur du ciel. Dans dix ans, votre royaume éprouvera de grandes calamités, alors on se souviendra de moi.

On le fit promener trois fois, selon l'usage, autour de l'assemblée; puis, le général ayant commandé les évolutions voulues, il s'agenouilla, joignit les mains, inclina avec bonheur la tête, qui bientôt tomba sous le glaive. C'était le 19 de la quatrième lune (31 mai 1801), jour de la Sainte Trinité, à l'heure appelée sin-si, c'est-à-dire de trois à cinq heures du soir. Le P. Tsiou avait alors trente-deux ans.

Pendant les longs préparatifs de l'exécution, le ciel, auparavant pur et serein, s'était subitement couvert de nuages épais, et un ouragan terrible éclata sur le lieu du supplice. La violence du vent, les roulements répétés du tonnerre, une pluie mêlée de boue et tombant par torrents, des ténèbres épaisses, que les éclairs sillonnaient de lueurs sinistres, tout contribuait à glacer d'épouvante les acteurs et spectateurs de cette scène sanglante. Mais à peine l'âme du saint martyr se fut-elle envolée vers Dieu, que l'arc-en-ciel parut, les nuages se dissipèrent et la tempête s'apaisa soudain. On eût dit que le soleil, après s'être voilé pour ne pas être témoin du crime des bourreaux, reprenait tout son éclat pour célébrer le triomphe de leur victime. Les spectateurs, païens et chrétiens, virent dans cette coïncidence étrange une preuve de la sainteté du missionnaire.

— Le ciel n'est pas indifférent au sort de ce condamné, disaient les païens frappés de stupeur, puisqu'il fait apparaître des signes aussi effrayants.

Du milieu de leur détresse, les chrétiens coréens tournèrent leurs regards vers Rome.

Ils avaient déjà appris à connaître et à révérer le Père commun des fidèles.

Ils écrivirent une lettre au pape Pie VII pour lui exposer leurs malheurs, leurs besoins, leur vif désir d'avoir un évêque et des prêtres pour les fortifier et les conduire :

« François et les autres chrétiens de Corée prosternés en terre, nous frappant la poitrine, offrons cette lettre au Chef de toute l'Église, père très haut et très grand.

» C'est avec la plus grande instance, la plus vive ardeur que nous supplions Votre Sainteté d'avoir compassion de nous, de nous donner des preuves de la miséricorde qui remplit son cœur, et de nous accorder le plus promptement possible les bienfaits de la rédemption.

» Nous habitons un petit royaume, et avons eu le bonheur de recevoir la sainte doctrine, d'abord par les livres, et dix ans plus tard, par la prédication et la participation aux sept Sacrements.

» Sept ans après, il s'éleva une persécution, le missionnaire qui nous était arrivé fut mis à mort avec un grand nombre de chrétiens, et tous les autres, accablés d'affliction et de crainte, se sont dispersés peu à peu. Ils ne peuvent se réunir pour les exercices de religion, chacun se cache.

» Il ne nous reste d'espérance que dans la très grande miséricorde divine, et la grande compassion de Votre Sainteté, qui voudra bien nous secourir et nous délivrer sans retard; c'est l'objet de nos prières et de nos gémissements.

» Depuis dix ans, nous sommes accablés de peines et d'afflictions; beaucoup sont morts de vieillesse ou de diverses maladies, nous n'en savons pas le nombre; ceux qui restent ignorent quand ils pourront recevoir la sainte instruction. Ils désirent cette grâce, comme dans une soif brûlante on désire se désaltérer; ils l'appellent, comme dans un temps de sécheresse on appelle la pluie. Mais le ciel est très élevé, on ne peut l'atteindre; la mer est très vaste, et il n'y a pas de pont au moyen duquel nous puissions aller chercher du secours.

» Nous, pauvres pécheurs, ne pouvons exprimer à Votre Sainteté avec quelle sincérité, avec quelle ardeur nous désirons recevoir son assistance. Mais notre royaume est petit, éloigné, situé dans un coin de la mer, il ne vient ni vaisseaux ni voitures au moyen desquels nous puissions recevoir vos instructions et vos ordres, et quelle est la cause d'une telle privation, sinon notre peu de ferveur et l'énormité de nos péchés? C'est pourquoi maintenant, nous frappant la poitrine avec une crainte profonde et une douleur sincère, nous prions très humblement le grand Dieu qui s'est incarné, qui est mort en croix, qui a plus de sollicitude pour les pécheurs que pour les justes, et Votre Sainteté qui tient la place de Dieu, qui a soin de tout le monde, et délivre véritablement les pécheurs.

» Nous avons été rachetés, nous avons quitté les ténèbres; mais le monde afflige nos corps; le péché et la malice oppriment nos âmes.

» Nos larmes et nos gémissements, nos afflictions sont de peu de valeur, mais nous considérons que la miséricorde de Votre Sainteté est sans bornes et sans mesure, qu'en conséquence elle aura compassion des ouailles de ce royaume qui ont perdu leur pasteur, et qu'elle nous enverra des missionnaires le plus tôt possible, afin que les bienfaits et les mérites du Sauveur Jésus soient annoncés, que nos âmes soient secourues et délivrées, et que le saint nom de Dieu soit glorifié partout et toujours. »

Lorsque le Souverain Pontife entendit ce cri d'ardente supplication que lui jetaient, du fond de l'Asie, les fils derniers-nés de l'Église catholique, il était en prison à Fontainebleau, il ne put que pleurer et prier : c'est la force de ceux à qui manque tout secours humain, elle ne compte pas dans la balance politique, et pourtant, si l'on regardait bien, on s'apercevrait qu'elle mène le monde. La Corée dut se soutenir sans pasteurs.

En 1827, une nouvelle supplique, écrite deux années auparavant, parvint au Pape Léon XII.

La Congrégation de la Propagande s'adressa alors à la Société des Missions-Étrangères, créa le Vicariat apostolique de Corée, et plaça à sa tête Mgr Bruguière.

CHAPITRE VII

De Siam en Tartarie. – Entrée en Corée.

Barthélemy Bruguière était né, en 1793, à Reissac, département de l'Aude; dès sa jeunesse, il se fit remarquer par ses talents, son application au travail, sa piété sincère et surtout son intrépide franchise; il vint à Paris au séminaire des Missions-Étrangères en 1825; de là, il écrivit à son père, qu'il n'avait pas prévenu de son départ, pour lui apprendre sa résolution et l'exhorter à la résignation.

Ce père, homme de grande foi, accepta le sacrifice que Dieu lui imposait, et souvent depuis, lorsqu'on lui parlait de son fils, il disait, les larmes aux yeux :

— Que voulez-vous! il a préféré le bon Dieu à moi, il a eu raison.

Missionnaire à Siam, Bruguière étonna les chrétiens par les austérités de sa vie et par la ferveur de sa piété.

Il observait un jeûne presque continuel. Chaque semaine, il lisait l'office des morts. Chaque jour, à la récitation ordinaire du chapelet, il ajoutait le chapelet des sept douleurs, et plusieurs autres prières en l'honneur de la Très Sainte Vierge.

Après sa nomination de Vicaire apostolique de la Corée, il eut la sainte pensée de faire tous les soirs une prière particulière pour le succès de sa laborieuse entreprise.

Il quitta Siam le 12 septembre 1832, pour se rendre en Chine.

Un prêtre des Missions-Étrangères, M. Maubant, se joignit alors à lui. Il était destiné pour le Su-tchuen, mais la mission de Corée le tenta, et son évêque lui permit de suivre ses aspirations. Deux Européens ne pouvant voyager ensemble dans l'intérieur de la Chine, il fut convenu qu'ils suivraient une route différente.

Mgr Bruguière devait incliner vers l'Ouest, en traversant le Kiang-nan et le Ho-nan, et, une fois entré dans le Chan-si, remonter directement au Nord. M. Maubant prenait la route du côté de l'Est par le Chang-tong et le Tché-ly. Il était décidé que tous les deux se retrouveraient soit à Sivang, en Tartarie, soit sur les frontières de la Corée.

Maubant partit et arriva le premier, après un voyage où il aurait dû être vingt fois arrêté et qu'il fit presque sans incident, agissant sans bruit, avec une imperturbable audace, semblant ne pas même voir d'obstacles, lorsque d'autres auraient crié à l'impossible.

Le premier Européen depuis plusieurs siècles, il

entra en plein jour à Pékin, sans diplôme impérial.

La stupeur de l'évêque fut telle qu'il mit M. Maubant au secret pendant deux mois; il le fit ensuite passer en Tartarie, où il fut fraternel-

Femme en costume de deuil.

lement reçu par M. Mouly, de la Congrégation de la Mission.

Mgr Bruguière resta beaucoup plus longtemps en route.

Plusieurs fois il faillit mourir, en bien des circonstances, il fut retardé par la timidité de ses guides.

Dans son journal de voyage, il raconte ce fait qui peint une situation souvent renouvelée et dont les charmes étaient assurément fort médiocres :

« Le 1er septembre 1833, mes courriers et les notables du village vinrent me trouver pour me faire part du résultat de leurs délibérations.

» Jean portait la parole :

» — Excellence, me dit-il, vous ne pouvez plus avancer ; les dangers sont grands et certains, personne ne se hasardera à vous accompagner ; il faut que Votre Excellence revienne sur ses pas, ou bien il faut qu'elle aille ou au Chang-si, ou au Hou-kouang, ou à Macao. Les chrétiens de ce village ne veulent plus vous garder. Voilà notre sentiment, quel est le vôtre?

» Puis il ajouta :

» — Si Votre Excellence tente de passer en Tartarie, elle sera certainement prise, mise à mort, et avec elle les évêques du Fokien et de Nankin, tous les chrétiens de ces missions et tous les mandarins des provinces par lesquelles nous avons passé ; de là la persécution s'étendra dans le Chang-si, dans le Su-tchuen, etc.

» Tout le monde applaudit à l'orateur ; on était persuadé que le massacre allait devenir général par l'imprudence d'un seul homme.

» Joseph seul était d'un avis contraire :

» — On peut, fit-il, passer en Tartarie en suivant la route que j'ai déjà tenue moi-même.

» Son avis fut très mal reçu :

» Tu es un téméraire, lui répliqua-t-on; tu introduis des Européens dans le sein de l'Empire et jusqu'aux portes de Pékin, au risque de causer une persécution générale et de faire massacrer tous les chrétiens ; si tu persistes à donner de pareils conseils, nous allons nous retirer; que pense Votre Excellence ?

» Je jugeai qu'il n'était pas prudent de les contredire. Je leur répondis seulement :

» — Je vous dirai ce que je pense quand j'aurai parlé à mon élève.

» Aussitôt on leva la séance.

» — Eh bien ! dis-je à Joseph quand les autres furent partis, que pensez-vous de notre situation ? que faut-il faire ?

» — Je pense qu'il faut avancer.

» — Je pense de même. La Providence nous a conduits jusqu'ici, elle nous a fait éviter tous les dangers ; c'est une garantie pour l'avenir, pourvu que nous prenions toutes les précautions que la prudence peut exiger. Je serais digne de blâme, et le Souverain Pontife aurait lieu de se plaindre de moi, si, pour une terreur panique, je rétrogradais ; je suis résolu à mettre tout en usage pour parvenir au terme de ma carrière. Je ne reviendrai sur mes pas que lorsqu'il ne sera plus physiquement possible d'avancer, ou lorsqu'il n'y aura plus personne qui veuille m'accompagner.

» On communiqua ma réponse au conseil; elle ne fut point agréée, tout le monde persista dans le premier sentiment.

» — Puisqu'il n'y a point d'autre moyen, ajoutai-je, il faut aller à Pékin chercher un guide; en attendant, je resterai caché dans la maison de quelque chrétien.

» Cet avis fut adopté.

» Le 3, à minuit, tout le monde disparut; les uns allèrent à Pékin, les autres retournèrent à Nankin, et moi je restai enfermé nuit et jour dans une chambre. »

Que vous semble un voyage à travers la Chine, dans de telles conditions? Ne révèle-t-il pas un zèle ardent, un courage à toute épreuve, une inébranlable persévérance?

Enfin, le 8 octobre 1834, deux ans et vingt-six jours après avoir quitté la mission de Siam, Mgr Bruguière retrouva M. Maubant à Sivang, en Tartarie.

Les deux apôtres passèrent une année dans ce village, occupés à préparer leur entrée en Corée, l'affaire ne marcha pas aisément; sous une impression de craintes non justifiées, les Coréens, après avoir tant de fois demandé des missionnaires, écrivaient que leur présence déchaînerait une nouvelle persécution, et que le temps n'était pas favorable.

Étonné et inquiet de ces dires, n'y accordant qu'une médiocre confiance, et toujours plus désireux d'évangéliser le pays dont il était le premier pasteur, Mgr Bruguière imposa silence aux timidités de ses guides, releva leur courage par son langage plein de foi, et, le 7 octobre 1835, il quitta Sivang.

Trois semaines plus tard, le courrier qui devait apporter la nouvelle de son entrée en Corée, annonça sa mort.

L'évêque, arrivé à Pie-li-kiou le 20 octobre, était tombé soudainement malade, il était mort le même jour, une heure après, assisté d'un prêtre chinois.

Le rôle de Mgr Bruguière était rempli au moment où les hommes affirmaient qu'il commençait. Dieu l'avait suscité pour faire accepter la Corée par les missionnaires français, et pour leur en montrer la route. Ces choses providentielles ne se voient qu'après l'événement, mais elles se voient, et personne ne saurait les nier.

En apprenant cette fin soudaine, Maubant alla rendre les derniers honneurs à son évêque, puis il continua sa route.

Il traversa les plaines et les forêts de la Mandchourie, se dirigeant vers le fleuve Apnok-kang, qu'il devait franchir près d'I-tchou (Eui-tjyou).

La douane de cette ville est très redoutable ; en quittant le royaume, les voyageurs y reçoivent un passeport qui indique non seulement leurs noms, surnoms, généalogie, profession, etc., mais encore la cause de leur voyage et la quantité d'argent qu'ils emportent pour faire le commerce; à leur retour, ils doivent présenter ce passeport, et prouver, par un bordereau de leurs marchandises, que les prix réunis équivalent à la somme primitivement déclarée.

A l'époque du voyage de M. Maubant, les eaux étaient gelées, circonstance favorable qui permettait de traverser le fleuve au détour le plus obscur.

Une heure avant d'arriver sur les bords de l'Ap-nok-kang, les voyageurs commencèrent à prendre les plus minutieuses précautions.

Le missionnaire se revêtit d'un habit de toile fort grossière, d'un capuchon ne lui laissant à découvert que les yeux, le nez et la bouche, enfin d'un grand chapeau en forme de cloche, surmonté d'un voile en éventail pour couvrir le visage; et dans cet accoutrement qui est l'habit de deuil du pays, il s'avança vers I-tchou.

A quelques mètres de la porte, l'apôtre et ses guides tournèrent brusquement à gauche et enfilèrent un aqueduc construit dans les murs de la ville. Le premier conducteur était déjà passé, lorsqu'un chien de la douane l'aperçut et se mit à aboyer. C'en était assez pour les perdre tous; M. Maubant recommandait déjà son âme à Dieu :

— Allons, se dit-il, c'est fini. Les douaniers vont venir; ils vont nous voir en fraude et nous questionner longuement : ils me reconnaîtront infailliblement pour étranger.

La petite troupe s'arrêta un instant, le chien cessa ses cris, et les douaniers restèrent tranquillement à deviser dans la salle de garde bien chauffée.

La seconde douane d'I-tchou fut évitée par le même moyen et avec autant de bonheur.

On conduisit M. Maubant dans une petite maison qui avait l'aspect d'un four de boulanger; on lui offrit une collation de navets crus et de riz salé, et on lui dit de se reposer pendant deux ou trois heures.

Telle fut l'entrée du premier missionnaire français en Corée, cachée aux regards, par une froide nuit de janvier de l'année 1836, ressemblant à l'entrée d'un malfaiteur bien plus qu'à celle d'un conquérant; et pourtant, c'était un conquérant, cet humble prêtre, qui allait planter la Croix de Jésus-Christ sur une terre nouvelle, ouvrir cette contrée à la foi et à la civilisation, appeler sur elle l'attention des hommes d'État et des savants, faire tressaillir le monde chrétien du récit de ses travaux et de l'héroïsme de sa mort.

Quinze jours plus tard, il était à Séoul, et se cachait dans la maison d'un des principaux chrétiens.

Il voulut s'appliquer d'abord uniquement à l'étude de la langue du pays; les fidèles ne lui en laissèrent pas le loisir. Tous désiraient recevoir les sacrements, craignant de mourir ou de voir mourir leur missionnaire avant d'avoir pu se confesser et reçu la sainte communion.

Ceux qui connaissaient les caractères chinois

écrivaient leur confession ; ceux qui ne les connaissaient pas, la faisaient écrire par d'autres, ou priaient le prêtre de vouloir bien leur permettre de se confesser par interprète.

A la vue de cet empressement, Maubant composa une formule d'examen de conscience en chinois, la traduisit en coréen et l'apprit par cœur.

Dès lors, il fut moins que jamais maître de ses moments.

« Ce matin, écrivait-il le Samedi-Saint, deux mois après son arrivée, nos chrétiens étaient au comble de la joie. Ils n'avaient jamais vu célébrer l'office du Samedi-Saint. Ils ont vu un seul prêtre le célébrer. Qu'auraient-ils dit s'ils avaient vu un office pontifical? La cérémonie a duré depuis cinq heures jusqu'à midi environ; je dis environ, car nous n'avons ni montre, ni horloge, ni aucune espèce de cadran. J'ai baptisé sept adultes. Le plus grand obstacle à la beauté de la cérémonie, après le défaut d'officiants, venait de l'appartement même. Nous avions ajusté une croix au bout d'un roseau, mais on ne pouvait élever au-dessus de sa tête ni la croix, ni le cierge pascal, ni le roseau. Ordinairement, on ne peut entrer dans les appartements des Coréens sans se courber : un homme de cinq pieds et quelques pouces n'y est pas à l'aise. »

Du secours lui arriva bientôt, c'était M. Jacques Chastan, du diocèse de Digne, ancien professeur au séminaire général de Pulo-Pinang, que la mission de Corée avait séduit, comme elle avait séduit Bruguière et Maubant.

Il se mit en route en 1834. Arrivé dans un des ports du Kiang-nan, il s'embarqua avec trois chrétiens du Fokien, sur une barque de pêcheurs, et fit voile à travers le golfe du Tché-ly, vers les rivages de la Tartarie.

Quand il descendit à terre, deux de ses guides,

Mgr Imbert

effrayés à la vue de cette contrée inconnue et presque déserte, refusèrent de marcher plus avant. Ils voulaient même entraîner M. Chastan avec eux; celui-ci tint ferme, les paya, et s'en alla à la découverte avec un seul Fokinois qui lui resta fidèle. Après un mois de courses hasardeuses et de recherches inutiles, il arriva sur les frontières de la Corée ; mais, ne trouvant personne pour l'introduire, il en fut réduit à saluer de loin les montagnes, murmurant sans doute, comme quarante-deux ans plus tard Mgr Ridel exilé :

— Quel beau panorama! on dirait un sourire de la Corée.

» Du fond de mon cœur, embrassant tout le pays, je lui envoyai ma plus tendre bénédiction, en disant : « Au revoir, que ce soit bientôt! »

Chastan revint au Chang-tong et offrit ses services au Vicaire apostolique de cette mission. Il était de ceux qu'on ne refuse pas.

Pendant ce temps, il avait fait prévenir M. Maubant, et l'avait prié de lui envoyer des courriers; la chose fut décidée, et le missionnaire repartit.

Il arriva à Pien-men, sur la frontière, le jour de Noël 1836. Le 28 décembre, les courriers coréens le rencontrèrent.

— Pourrez-vous marcher, comme un pauvre homme, avec un paquet sur l'épaule? dirent-ils au prêtre.

— Très certainement, repartit celui-ci, d'autant plus que je ne suis pas fort riche.

On se mit en route le 31 décembre, à minuit.

Les douanes furent heureusement franchies, et le second apôtre entra en Corée.

Les Missionnaires français avaient définitivement pris possession du pays qui leur avait été confié par le Souverain Pontife; ils allaient y jeter la bonne semence et bientôt y recueillir une abondante moisson.

CHAPITRE VIII

Mgr Imbert. — Ses vertus.

Aux deux nouveaux missionnaires de la Corée, ainsi qu'à leurs chrétiens, un chef était nécessaire. Rome le choisit.

Quelques années auparavant, un missionnaire du Su-tchuen, en Chine, Laurent Imbert, avait offert de se consacrer à la Corée. Sa proposition ne fut pas acceptée, parce qu'il semblait plus utile au Su-tchuen. Mais à la mort de Mgr Bruguière, on songea à lui pour prendre en main la direction de la mission.

L'enfance et la jeunesse d'Imbert méritent d'être racontées; elles se distinguent par la piété, la générosité, l'activité.

Il naquit le 15 avril 1797 à Cabriès (1), à deux ou trois lieues d'Aix, en Provence. Ses parents, très pauvres, ne pouvaient lui donner aucune instruction. A l'âge de huit ans, Imbert, ayant trouvé un sou dans la rue, achète un alphabet, et, muni de son livre, va trouver une bonne vieille, sa voi-

(1) Plus exactement à Marignane, où ses parents se trouvaient de passage, mais ils habitaient le hameau de Calas, commune de Cabriès.

sine, la tante Marguerite, comme l'appelait tout le village, pour lui demander le nom des lettres. Cette digne femme s'empresse de le satisfaire; l'enfant écoute, répète, et repasse ce qu'il a appris, retourne fréquemment chez sa maîtresse improvisée, et bientôt il sait lire.

Puis, son ambition croissant avec ses progrès, il prend un morceau de charbon et copie sur les murs les lettres de son livre. Touchée de tant d'ardeur, la bonne maîtresse fait don à son élève d'une plume et d'un cahier sur lequel elle avait tracé les caractères de l'écriture cursive. C'est ainsi que Laurent apprit à lire et à écrire.

Son curé, un de ces prêtres qui sont les meilleurs recruteurs du clergé, remarqua ses dispositions, lui donna quelques leçons de grammaire et le fit entrer à Aix, dans la maison d'éducation de Saint-Joachim tenue par des Frères, sous le patronage de Mgr de Cicé. Imbert fut reçu gratuitement; il devait seulement payer ses vêtements et les fournitures classiques. Son père n'étant pas même en état de suffire à cette petite dépense, le curé de Cabriès vint à son aide; il n'eut pas longtemps à supporter cette charge.

L'enfant avait le cœur très haut et le courage très grand. Ayant vu les Frères de la maison confectionner des chapelets, il voulut faire comme eux. Pendant ses récréations, pendant ses moments libres, en allant au collège et en revenant à la maison, il avait toujours le fil de fer roulé autour du bras et les pinces à la main, et ses condisciples ne se souviennent pas de l'avoir vu jouer une seule fois. Il vendait ses chapelets, et, avec le prix, il payait ses livres, ses cahiers, ses vêtements; le surplus, car il savait trouver du surplus, il l'envoyait à son père déjà avancé en âge.

Ce travail manuel ne l'empêcha pas de faire de sérieuses études et d'être fidèle à tous ses exercices de piété. Ses humanités terminées, il obtint le grade de bachelier ès lettres, et entra au Grand Séminaire d'Aix. Déjà il avait formé dans son cœur la résolution d'aller prêcher la foi aux infidèles. Pour endurcir son corps aux fatigues de l'apostolat, il s'imposait diverses privations, s'exposait au froid et à la chaleur, et vivait dans une mortification continuelle.

En 1818, il entra au Séminaire des Missions-Étrangères et s'embarqua en 1820 pour le Su-tchuen, où il fut chargé de la direction du collège de Mopin.

Les qualités de l'enfant s'étaient développées dans le jeune prêtre, comme en témoigne ce portrait que traça de lui son évêque, Mgr Fontana :

« Il parle bien la langue de la Chine, et il connaît assez bien les caractères chinois ; il est d'un bon caractère, doux, affable, gai, courageux : il a l'expérience du saint ministère qu'il a exercé douze ans avec zèle et succès dans ce vicariat du Su-tchuen. Il est âgé seulement de quarante-deux ans, et il a beaucoup de facilité pour apprendre les langues étrangères. Sa santé n'est pas fort robuste, ce qui serait très désirable pour supporter les fatigues des voyages et autres incommodités; cependant, dans ces dernières années, il se porte beaucoup mieux qu'auparavant, et il est persuadé que Dieu lui a donné un force plus grande, pour qu'il aille en Corée. La vie active et les voyages paraissent mieux convenir à sa santé que la vie sédentaire et l'application à l'étude. »

Tel était le nouveau pasteur de la Corée, qui reçut le titre d'évêque de Capse, le même qu'avait porté Mgr Bruguière.

Plus heureux que son prédécesseur, Imbert put entrer dans sa mission, et lui donner un regain de vie chrétienne.

Ses travaux, dès le début, couronnés de succès ne furent pas accomplis sans de pénibles et continuels efforts.

« Chaque jour, écrivait-il, je me lève à deux heures et demie. A trois heures, j'appelle les gens de la maison pour la prière, et à trois heures et demie commencent les fonctions de mon ministère, par l'administration du baptême s'il y a des catéchumènes, ou par la confirmation; viennent ensuite la sainte messe, la communion, l'action de grâces. Les quinze à vingt personnes qui ont reçu les sacrements peuvent ainsi se retirer avant le jour; dans le courant de la journée, environ autant, entrent, un à un, pour se confesser, et ne sortent que le lendemain matin après la communion.

» Je ne demeure que deux jours dans chaque maison où je réunis les chrétiens, et avant que le jour paraisse, je passe dans une autre maison. Je souffre beaucoup de la faim, car, après s'être levé à deux heures et demie, attendre jusqu'à midi un mauvais et faible dîner d'une nourriture peu substantielle, sous un climat froid et sec, n'est pas chose facile.

» Après le dîner, je prends un peu de repos, puis je fais la classe de théologie à mes grands écoliers, ensuite j'entends encore quelques confessions jusqu'à la nuit. Je me couche à neuf heures sur la terre couverte d'une natte et d'un tapis de Tartarie ; en Corée, il n'y a ni lits, ni matelas. J'ai toujours, avec un corps faible et maladif, mené une vie laborieuse et fort occupée; mais ici, je pense être parvenu au superlatif et au *nec plus ultra* du trävail. Vous pensez bien qu'avec une vie si pénible nous ne craignons guère le coup de sabre qui doit la terminer. »

Le courageux évêque venait d'écrire une prophétie. On aurait cependant hésité à y ajouter foi, car en ce moment, de beaux jours semblaient se lever pour l'Église de Corée; son horizon si longtemps assombri par le délaissement et la persécution, s'éclaircissait rapidement, et tout lui promettait la paix et la prospérité.

L'entrée successive des deux missionnaires

européens, la présence d'un évêque, leurs travaux, leurs visites annuelles à toutes les chrétientés, l'administration régulière des sacrements, avaient relevé le moral des néophytes, consolé les bons, raffermi les chancelants, réconcilié les pécheurs, ramené les transfuges, et donné à la propagation de l'Évangile un nouvel et vigoureux essor.

De nombreux païens, quelques-uns très influents, embrassaient la foi, ou au moins apprenaient à la connaître.

De jeunes gens et de vertueux chrétiens étaient préparés au sacerdoce, car Mgr Imbert, pénétré des ordres de Rome, s'occupait du clergé indigène, et à l'exemple des premiers Vicaires apostoliques d'Extrême-Orient, il avait choisi des sujets d'un âge mûr et leur avait enseigné la théologie.

La démission du régent, depuis longtemps fatigué et malade, changea la face des choses. Le régent avait pour la religion catholique une sympathie vraie ; bien des fois, il avait arrêté la persécution prête à éclater ; sa retraite fit passer le pouvoir exécutif aux mains de Ni-Tsi-en-i, ennemi acharné des chrétiens.

La rancune des grands personnages, l'avidité des mandarins subalternes et de leurs satellites, toutes les mauvaises passions qui, en pareil cas, se groupent instinctivement au service de l'enfer, n'attendaient que le signal.

Bientôt la présence de trois prêtres européens

ne fut plus ignorée de personne. Un décret de prise de corps fut porté contre eux par le gouvernement, et une grosse récompense promise à qui les arrêterait.

Un faux frère, Kim Ie-saing-i, s'offrit à les livrer, si on lui donnait les hommes nécessaires, ce qui fut accepté avec joie.

Cependant, prévoyant bien que l'évêque et les deux missionnaires, s'ils n'étaient vendus, pourraient braver longtemps ses recherches, il résolut d'employer la ruse. C'est l'arme favorite des traîtres, Kim était dans son rôle. Il partit pour la province, alla visiter quelques-uns de ses anciens amis chrétiens, et leur annonça les grandes choses, qui, suivant lui, se passaient à Séoul.

— A la capitale, leur dit-il, nos frères les plus éclairés ont développé les vérités de la religion devant les mandarins. Par la grâce de Dieu, les magistrats, les ministres eux-mêmes ont ouvert les yeux, et si l'Évangile leur est convenablement expliqué, tous sont disposés à le recevoir. Le temps de la liberté est enfin arrivé, et quand l'évêque ou les prêtres se présenteront, toute la cour va certainement se faire chrétienne. Je suis porteur d'une lettre de Paul Tsieng pour l'évêque, indiquez-moi donc où il est. Deux néophytes trompés par ces paroles, dirent que probablement André Tsieng connaîtrait sa demeure, et le traître, suivi des satellites, se fit conduire immédiatement chez ce dernier.

CHAPITRE IX

Héroïsme d'évêque et de missionnaires.

André Tsieng était très bon chrétien, malheureusement sa simplicité passait toutes les bornes. Le récit de Kim, qu'il ne songea nullement à mettre en doute, le transporta de joie. Cependant, afin de ne pas se compromettre, après y avoir songé toute la nuit, il dit qu'il irait seul aux informations.

Pressé de se laisser accompagner par le traître et ses soldats déguisés en ouvriers et en paysans, il y consentit ; à mi-route, il eut quelques vagues soupçons, repoussa les soldats, refusa de marcher s'ils l'accompagnaient, et partit avec Kim seulement ; celui-ci s'arrêta à quelque lys de la résidence de l'évêque, et André alla trouver Mgr Imbert auquel il raconta ce qui s'était passé :

— Mon fils, lui dit le prélat, tu as été trompé par le diable.

Puis réfléchissant que le traître était presque à la porte, que la fuite était devenue impossible et ne servirait qu'à faire torturer les chrétiens qui, consternés, l'entouraient et le suppliaient de leur sauver la vie, il prit la résolution de se livrer.

Ces faits se passaient dans la nuit du 10 août 1839.

Le matin, l'évêque célébra la messe pour la dernière fois, et écrivait à Maubant et à Chastan la lettre suivante :

J. M. J., 11 août.

« Mes chers confrères, Dieu soit béni! et que sa très sainte volonté soit faite! Il n'y a plus moyen de reculer. Ce ne sont plus les satellites qu'on envoie à notre recherche, mais les chrétiens. André Tsieng est arrivé à une heure après minuit. On lui a raconté les plus belles merveilles, et le pauvre homme a promis de m'appeler. Cependant cachez-vous bien jusqu'à nouvel avis, si je puis vous en donner. Priez pour moi.

» Laurent-Joseph-Marie IMBERT,

» *Évêque de Capse.* »

Il se mit alors en marche pour se rendre au lieu où le traître attendait. A quelque distance plus loin, il rencontra les cinq satellites, et obtint d'eux que le pauvre André, qui voulait le suivre, fût renvoyé dans sa famille. En route, il annonça la parole de Dieu à ses gardes et à une vingtaine d'autres personnes, que la curiosité attira sur son passage.

Il fut de suite dirigé vers la capitale. Arrivé aux portes de Séoul, il fut lié de la corde rouge, dont on se sert pour garrotter les criminels d'État, et remis entre les mains du grand juge, qui l'enferma d'abord dans la prison des voleurs. Les interrogatoires commencèrent immédiatement. On fit subir au captif le supplice de la courbure des os, pour qu'il dénonçât la retraite des autres Européens, puis on lui demanda :

— Pourquoi êtes-vous venu ici ?

— Pour sauver les âmes.

— Combien avez-vous instruit de personnes?

— Environ deux cents.

— Reniez Dieu ?

A cette parole, l'évêque, frémissant d'horreur, éleva fortement la voix et répondit :

— Non, je ne puis renier mon Dieu.

Comprenant qu'il n'obtiendrait rien, le juge le fit bâtonner et reconduire en prison.

La ruse avait réussi une première fois, les satellites essayèrent de l'employer une seconde pour se saisir des autres missionnaires; leurs projets furent déjoués, et les deux chrétiens auxquels ils s'adressèrent, s'échappèrent l'un après l'autre, sans leur avoir donné le moindre renseignement.

L'héroïsme de l'évêque et des missionnaires allait d'ailleurs les aider mieux que les policiers les plus habiles. Convaincu que la persécution cesserait ou du moins se calmerait par l'arrestation de tous les Européens, Mgr Imbert eut, comme autrefois Mgr de Saint-Martin, dans la Mission du Su-tchuen, la sublime inspiration d'ordonner à ses prêtres de se livrer. Il leur écrivit un court billet contenant ces seuls mots :

« Le bon pasteur donne sa vie pour ses brebis; si vous n'êtes pas encore partis en barque, venez avec l'envoyé Son-kie-tsong. »

C'était le nom d'un capitaine de satellites, qui, à la tête de plus de cent hommes, venait saisir les missionnaires. M. Maubant reçut le premier cette lettre, la transmit à M. Chastan, et tous les deux obéirent.

Avant de se remettre aux mains des bourreaux, ils adressèrent chacun une lettre aux chrétiens qu'ils avaient évangélisés, pour les consoler, les affermir dans la foi, et leur faire les diverses recommandations réclamées par les circonstances. Sur ces entrefaites, arriva une seconde lettre de Mgr Imbert. C'était la répétition de la première.

« J'ai possédé nombre d'années, écrit Mgr Verrolles, ce précieux autographe que je gardais dans mon diurnal; un pieux larcin, fait par une main inconnue, m'en a privé. Il était en latin, et ainsi conçu : « *In extremis bonus pastor dat vitam » pro ovibus; unde si nondum profecti estis, » venite cum præfecto Son-kie-tsong, sed nul- » lus christianus vos sequatur.* IMBERT, *Epis- » copus Capsensis.* — Dans les cas extrêmes, le » bon pasteur donne sa vie pour ses brebis; si

» donc vous n'êtes pas encore partis, venez avec
» l'officier Son-kie-tsong, mais qu'aucun chrétien
» ne vous suive. »

Cette double démarche de Mgr Imbert de se livrer lui-même, et de donner à ses missionnaires l'ordre de se livrer, a été différemment appréciée, et il est assez difficile, humainement parlant, de porter un jugement sur un acte de cette nature, que les diverses circonstances de temps et de lieu peuvent seules expliquer complètement. Il est certain, en règle générale, que l'on ne peut pas s'offrir de soi-même aux persécuteurs, surtout quand une chrétienté tout entière doit, en conséquence, se trouver sans pasteur, abandonnée à la rage des bourreaux; mais il est certain aussi que plusieurs fois, depuis l'origine de l'Église, l'esprit de Dieu a inspiré à ses fidèles serviteurs des résolutions semblables, contraires en apparence à toutes les règles de la prudence chrétienne.

Voici, sur cette question, la réponse du Promoteur de la foi, dans l'introduction de la Cause de ces martyrs.

« L'évêque pouvait-il écrire à ses missionnaires un ordre ou une invitation de se livrer eux-mêmes, lorsqu'ils savaient de science certaine qu'ils seraient martyrisés? Les missionnaires pouvaient-ils, devaient-ils obéir à un tel ordre, ou suivre un tel conseil, avec la prévision d'être infailliblement envoyés à la mort?

» C'est à Vos Éminences qu'il appartient de juger la question.

» Pour moi, il me semble que le cas ne présente aucune difficulté, quand on se rappelle les circonstances très graves dans lesquelles ils se trouvaient. La persécution sévissait avec rage. Tous, magistrats, juges, mandarins, peuple, connaissaient la présence de trois Européens en Corée. C'était surtout pour découvrir leur retraite et s'emparer d'eux, que l'on arrêtait et que l'on martyrisait les chrétiens dont un grand nombre, incapables de résister aux tortures, tombaient misérablement dans l'apostasie.

» En un mot, on pouvait raisonnablement supposer qu'à cause d'eux seulement, la persécution était si terrible, qu'eux découverts, arrêtés et mis à mort, elle serait à tout le moins très diminuée. Dans un tel état de choses, il me semble qu'ils auront dit comme Jonas (ch. I, v, 12) : *Prenez-moi et jetez-moi à la mer, et la mer se calmera.... car c'est à cause de moi que s'est élevée cette violente tempête.*

» Je crois donc que l'ordre ou le conseil donné par l'évêque n'a été ni imprudent, ni digne de blâme, que l'obéissance des missionnaires a été héroïque, et que tous les trois se sont sacrifiés volontairement pour obtenir la cessation, ou au moins une sensible diminution d'une aussi épouvantable calamité. En un mot, ils se sont sacrifiés pour le salut du prochain, ils ont mis en pratique cette parole du Seigneur Jésus-Christ, dans saint Jean (ch. xi, v. 13) : *Personne n'a un plus grand amour que de donner sa vie pour ses amis.* »

Mgr Bonnand, le très remarquable Vicaire apostolique de Pondichéry, avait bien saisi et admirablement exprimé ce côté de la conduite des missionnaires de la Corée, lorsque apprenant leur martyre, il s'était écrié (1) :

Type Coréen.

« J'en viendrai à la grandeur d'âme de ce pasteur, de cet évêque, digne des anciens jours, qui a eu non seulement la générosité de se sacrifier lui-même pour ses brebis, mais de joindre encore à son holocauste celui des deux apôtres qu'il s'était chargé de guider au combat. Je me prosternerai, dans ma profonde admiration, devant son dévouement, et devant celui de ses dignes missionnaires, qui ont ainsi reçu, en un jour, avec la palme du martyre, la triple couronne de la foi, de l'obéissance et de la charité ; dévouement que rien dans les temps anciens et modernes n'a

(1) *Ann. de la Prop. de la Foi*, vol. 16, p. 284.

jamais surpassé en héroïsme, que l'exemple d'un Dieu se livrant lui-même pour le salut du monde pouvait seul inspirer, et devant lequel ma misère s'humilie et s'anéantit. »

C'est dans ce sens que le Souverain Pontife, Pie IX., a tranché la question, le 23 septembre 1857, en déclarant Vénérables Mgr Imbert et ses deux prêtres.

Après avoir ainsi tout disposé, fait leurs recommandations à leurs chrétiens, rendu compte de leur administration à leur chef, et légué leur glorieux héritage à leurs confrères, les généreux missionnaires se pressèrent d'aller rejoindre les satellites.

Arrivés à la ville de Hong-tsiou, ils furent enchaînés, puis conduits à cheval, à la capitale; là, ils furent remis entre les mains du grand juge criminel, et réunis à leur évêque. Quelle satisfaction pour ces cœurs de prêtres et d'apôtres, de se trouver ensemble dans les fers pour le nom de Jésus-Christ! Le lendemain, le juge criminel, déployant un appareil formidable, traduisit à sa barre les trois Européens et leur dit :

— Qui vous a logés? D'où est venu l'argent que vous avez? Qui vous a envoyés? Qui vous a appelés?

Ils répondirent :

— C'est Paul Tieng qui nous a logés. L'argent à notre usage, nous l'avons apporté avec nous. Nous avons été envoyés par le Souverain Pontife, chef de l'Église, et les Coréens nous ayant appelés pour secourir leurs âmes, nous sommes venus ici.

Ces réponses leur attirèrent une rude bastonnade qui fut renouvelée trois jours de suite.

Ils furent ensuite invités à quitter la Corée :

— Retournez maintenant dans votre patrie, leur dit le juge.

— Nous ne voulons pas, répondirent-ils, nous sommes venus pour le salut des âmes des Coréens, et nous mourrons ici sans regret.

Reconduits à leur cachot, ils y furent pendant quelque temps gardés à vue jour et nuit; transférés au Keum-pou, prison des dignitaires et des criminels d'État, ils subirent de nouveaux interrogatoires devant les principaux ministres; ils furent condamnés à mort, et leur exécution fut fixée au 21 septembre.

Le jour venu, on les conduisit au supplice, en dehors de Séoul, en un lieu nommé Sai-nam-to, non loin du fleuve Han-kang, qui traverse la capitale.

A l'endroit fixé, on avait planté un pieu au sommet duquel flottait un étendard, portant la sentence de mort.

A peine arrivés, les condamnés sont dépouillés de leurs vêtements; les soldats leur attachent les mains devant la poitrine, leur passent sous les bras de longs bâtons, leur enfoncent deux flèches de haut en bas à travers les oreilles, et, leur jetant de l'eau au visage, les saupoudrent d'une poignée de chaux; six hommes saisissent ensuite des bâtons, font faire trois fois aux martyrs le tour de la place, pour les livrer aux dérisions et aux grossières moqueries de la foule. Enfin on les fait mettre à genoux, et une dizaine de soldats courent autour d'eux le sabre au poing, simulant un combat, et leur déchargent en passant, chacun un coup de sabre.

M. Chastan, ayant reçu un premier coup qui lui effleura simplement l'épaule, se leva instinctivement et retomba aussitôt à genoux. Mgr Imbert et M. Maubant restèrent immobiles jusqu'au coup mortel.

Un soldat prit les têtes qui roulaient à terre, les posa sur une planche, et les présenta au mandarin.

La justice coréenne était satisfaite et le catholicisme solidement implanté en Corée. Les Coréens pensaient peut-être le contraire, bien des sages partagent leurs idées, et cependant rien n'est plus vrai ; l'histoire de l'Église n'est-elle pas un défi à la sagesse humaine, n'a-t-elle pas été fondée sur le Calvaire, lorsque l'auguste Victime mourait pour le salut du monde.

CHAPITRE X

Martyrs coréens. — Punitions des persécuteurs.

La persécution de 1839 fut plus générale et plus méthodique que les précédentes et les martyrs nombreux.

Dès le lendemain de l'exécution des trois missionnaires, deux courageux catéchistes Paul Tieng et Augustin Niou étaient mis à mort.

Quatre jours après, Charles Tsio suivait au ciel ses deux amis. Apprenant que le jour de sa mort était fixé, il dit à un soldat de la prison :

— Je vais au séjour du bonheur : veuillez bien dire de ma part aux personnes de ma famille de ne pas manquer de m'y suivre.

Et ce soldat d'un air fort triste alla leur rapporter ces paroles.

Charles fut admirable jusqu'à la fin. Il avait enduré onze fois les terribles supplices de la question. Tranquille et gai jusqu'au dernier moment, il riait et plaisantait avec les geôliers; en se rendant au lieu du supplice, il se mit à chanter des prières, à haute voix, d'un air tout joyeux. Il fut décapité dans la quarante-cinquième année de son âge.

Juliette Kim, dite Kim-si, fille du palais, montra également un grand courage. Ses parents, chrétiens de la province, étaient venus s'établir à la capitale.

Quand elle fut arrivée à l'âge de dix-sept ans, on voulut la marier, mais désirant beaucoup garder la virginité, elle s'arracha les cheveux, en sorte que toute la peau du crâne paraissait, et on fut obligé de différer.

Puis, ses parents étant retournés en province, elle les quitta et fut prise pour le service du palais, où pendant dix ans elle ne put guère pratiquer sa religion.

Elle en sortit enfin, et, dès lors vécut seule du travail de ses mains. D'un caractère grave et peu ouvert, elle n'avait presque pas de relations avec les autres chrétiens, mais tous admiraient sa vert et disaient d'elle :

— Juliette est une femme qui, dût-elle en mourir, ne fera jamais rien de mal.

Prise dans sa maison où elle attendait les ordres de la Providence, elle fut violemment torturée au tribunal des voleurs, puis au tribunal des crimes, mais son courage ne fléchit pas un instant. Elle répondait à ses juges :

— Devrais-je expirer sous les coups, je ne puis renier mon Dieu. Si je dénonçais quelqu'un vous le mettriez à mort; si je vous remettais quelque livre, vous le brûleriez, c'est pourquoi je ne veux pas ouvrir la bouche. J'en serai quitte pour mourir.

Dans ce même temps, d'autres intrépides confesseurs donnaient leur vie pour la foi, d'une manière moins éclatante peut-être, mais non moins méritoire, et non moins digne de notre admiration.

Racontons ici l'histoire de Barbe Tsio. Épouse d'un noble païen, Barbe avait été instruite de la religion chrétienne par sa vieille mère, qui, restée sans appui, s'était retirée auprès de sa fille.

Docile aux leçons maternelles, elle se convertit ainsi que ses deux jeunes filles Madeleine Ni et Marie Ni, et toutes ensemble se mirent avec ferveur à pratiquer leur nouvelle foi. Mais il fallait que tout se fît dans le plus grand secret, à cause du mari de Barbe qui était fort opposé à l'Évangile.

Après la mort de sa vieille mère, Barbe profita d'un voyage que son mari dut faire en province, et alla secrètement avec ses deux filles recevoir le baptême.

Lorsque Madeleine Ni fut arrivée à l'âge nubile, son père voulut la marier à un païen, mais outre qu'elle ne pouvait consentir à une telle alliance, une vive inclination la portait à garder la virginité. Elle feignit donc une maladie, et dit qu'elle ne pouvait se marier.

On ne saurait croire toutes les peines et vexations qu'elle eut à supporter, à cette occasion, de la part de son père.

Un jour, poussée à bout, elle se fit une coupure au doigt, et lui écrivit avec son propre sang, mais sans pouvoir le fléchir. Cette lutte domestique dura longtemps.

A la fin, Madeleine ne voyant plus aucun moyen d'éviter le mariage, demanda à l'évêque la permission de s'enfuir.

Mgr Imbert ne voulut pas y consentir, et dit qu'il fallait tenir ferme tout en restant à la maison; mais bientôt les choses en vinrent à une telle extrémité, que Barbe Tsio et ses deux filles s'enfuirent de leur maison et vinrent se cacher chez des chrétiens.

A cette nouvelle, le prélat leur ordonna d'abord de retourner chez elles; mais pour une femme et des jeunes filles nobles qui avaient ainsi pris la fuite, retourner au logis, c'était aller à une mort presque certaine. Voyant qu'il n'y avait plus aucun remède, l'évêque leur donna quelques secours, et recommanda aux catéchistes d'arranger cette affaire le mieux qu'il serait possible. Elles furent placées dans une petite maison, où elles souffrirent beaucoup de la faim et du froid; mais, libres qu'elles étaient enfin de pratiquer leur religion, elles ne s'inquiétaient guère des privations et des souffrances. C'est là que deux autres chrétiennes Catherine Ni et sa fille Madeleine Tsio vinrent les rejoindre.

Unies par le même dévouement et le même désir de plaire à Dieu, ces saintes âmes s'encourageaient mutuellement, travaillaient à orner leurs cœurs des vertus les plus convenables à leur état, et s'exhortaient à bien supporter la persécution et la mort même, si Dieu les y appelait.

Un jour, l'une d'elles se mit à dire :

— Si l'évêque est pris, livrons-nous nous-mêmes.

Madeleine Tsio répondit de suite :

— S'il y a des raisons de nous livrer, faisons-le

LE P. ANDRÉ KIM

pour suivre les pas de Notre Seigneur Jésus et de notre pasteur.

Elles n'eurent pas l'occasion de s'offrir elles-mêmes aux persécuteurs. Les satellites vinrent fondre sur la maison, et emmenèrent ensemble les cinq amies. Conduites au grand juge criminel, elles supportèrent courageusement les coups et les tortures.

Trois mois après, épuisées des suites de leurs supplices, auxquels vinrent se joindre la peste et d'autres maladies, Catherine Ni, Madeleine Tsio et Barbe Tsio moururent toutes les trois dans la même prison, et allèrent les premières recevoir la couronne.

*
* *

Les deux filles de Barbe Tsio étaient réservées à de plus longues épreuves. Elles souffrirent horriblement de la faim et de la soif. On les transféra au tribunal des crimes, où de nouvelles tortures furent en vain mises en jeu pour vaincre leur constance; à la fin, on les condamna à mort.

Cependant l'opinion publique commençait à se préoccuper de ces exécutions multipliées. Si violent que fût le fanatisme des persécuteurs, si aveugle que fût la haine d'une foule ignorante et ameutée, la conscience conserve toujours ses droits, et l'on commençait à plaindre les innocentes victimes de ces boucheries.

Le gouvernement coréen fit alors ce que font tous les persécuteurs, il appela le mensonge en aide à la force et dans le mois de novembre, le 18 de la dixième lune, parut une nouvelle proclamation royale contre les chrétiens.

Elle fut répandue dans tout le royaume, en caractères chinois et en caractères coréens, afin que le peuple entier, hommes et femmes, savants et ignorants, pût la lire sans difficulté.

« C'est, dit Mgr Daveluy, un fatras intraduisible dont j'ai vainement essayé de me faire donner le sens complet, par les Coréens les plus instruits. Tous ceux à qui je l'ai fait lire, m'ont avoué n'y voir eux-mêmes que des phrases et des tirades, sans suite et sans liaison possible.

» On commence par y citer quelques passages obscurs des livres sacrés de la Chine, dont on ne voit pas l'application au cas présent; puis, après avoir recommandé la religion des lettrés, que tout le monde doit suivre, on traite la doctrine chrétienne d'amas de vaines fourberies et de maximes déshonnêtes, et on la signale à l'exécration publique comme méconnaissant les devoirs envers les parents et envers le prince.

» L'auteur de ces stupides inepties, dignes en tous points de nos matérialistes les plus abrutis ou, si l'on veut, les plus avancés, était d'autant plus coupable, que la religion chrétienne était alors suffisamment connue en Corée.

» Combien de fois, devant les tribunaux, les confesseurs n'en avaient-ils pas exposé les dogmes, développé les maximes!

» Combien de fois les mandarins, poussés à bout par les raisonnements de leurs victimes, n'avaient-ils pas avoué que la religion chrétienne est excellente, et que leur unique raison de la proscrire était l'ordre formel donné par le gouvernement! On avait d'ailleurs en mains tous les livres des chrétiens. Mais dire ce que l'Évangile est réellement, c'était le justifier; mieux valait la calomnie.

» A la fin de la proclamation, le roi attribue à ses péchés les malheurs qui sont venus fondre sur le royaume, et principalement le plus grand de tous : l'invasion de cette doctrine étrangère; il engage tous ses fidèles sujets à se rattacher plus que jamais à la religion des lettrés; et il déclare qu'en sa qualité de père du peuple, il est tenu de combattre l'erreur par tous les moyens possibles, et de mettre à mort ses propagateurs et ses chefs. »

Après la publication de cette ordonnance, la persécution devint plus terrible.

Le plus glorieux martyre qui, à cette époque, consola l'Église coréenne, fut certainement celui de Protais Hong et de ses compagnons, dans la province de Tsien-la.

En automne 1801, le nom de Protais ayant été trouvé sur une liste de confrérie dans les papiers d'un chrétien, le néophyte fut pris et envoyé en exil à la ville de Koang-tsiou.

Dans cette ville, isolé de tous les fidèles, il passa quelques années sans pratiquer sa religion; puis, réveillé par un coup inespéré de la grâce, il reprit ses exercices de piété et chercha à réparer sa faute par un redoublement de ferveur.

Sa femme alla le rejoindre au lieu de l'exil, et ils s'y établirent comme ne devant jamais en sortir.

Protais s'appliquait à bien régler sa maison et à instruire chrétiennement ses enfants. Exact à toutes ses prières et se livrant à de longues méditations, il donnait à peine quelques heures au sommeil, aux repas et à tout ce qui concerne la vie du corps.

Quand il priait, c'était toujours à genoux devant le crucifix, dans une posture modeste, ne laissant jamais paraître ni nonchalance, ni fatigue, et ses prières étaient tellement prolongées, qu'il se forma une grosse tumeur à ses genoux, de sorte qu'il lui était très difficile de faire à pied le moindre voyage.

Il jeûnait trois fois la semaine, s'excitait continuellement à la contrition de ses péchés, et souvent on l'entendait sangloter et pousser des gémissements lamentables.

Adonné aux œuvres de charité, quand il savait un de ses frères dans le besoin, il emportait secrètement quelque chose de la maison, et allait remettre son aumône lui-même, afin que sa famille n'en sût rien; mais il fut surpris plus d'une fois par les païens, qu'une pareille humilité surprenait plus qu'on ne peut dire.

En l'année 1832, on publia une amnistie générale pour les exilés. Alors le gouverneur de la province écrivit au mandarin de Koang-tsiou de relâcher Protais, s'il était revenu à de meilleurs sentiments. Le mandarin le fit donc venir et lui demanda s'il s'était amendé :

— Je n'ai pas changé de sentiments, répondit Protais.

— Comment, repartit le mandarin stupéfait, quelle parole me dis-tu là? tu es exilé depuis plus de trente ans, tu es maintenant arrivé à la vieillesse et tu t'obstines encore! Ne te serait-il donc pas bien agréable de retourner dans ta patrie?

Plusieurs jours de suite, le mandarin revint à la charge; il essaya tour à tour les raisonnements, les promesses, les menaces; mais tout fut inutile.

Pendant la persécution de 1839, Protais ne se contenta pas de donner une hospitalité passagère à beaucoup de chrétiens fugitifs; il consentit à recevoir chez lui quatre femmes, qui ne savaient où se réfugier; il les entretint à ses frais et voulut que sa maison devînt la leur.

Quand il apprenait le martyre de quelques nouveaux confesseurs, son cœur était vivement ému, et il sentait d'autant plus le désir de marcher sur leurs traces, qu'il en avait lui-même, une première fois, manqué l'occasion. Dieu lui accorda cette grâce.

Le 14 de la sixième lune, des satellites venus de Tsien-tsiou l'arrêtèrent, lui et toute sa famille, ainsi que quatre chrétiennes. C'étaient : Anastasie Kim, Anastasie Ni, Madeleine Ni et Barbe T'soi.

Après un premier interrogatoire, le mandarin local fit passer au cou de Protais une petite cangue et l'envoya à Tsien-tsiou. Quand il partit, les habitants de la ville, de tout âge et de tout sexe, au nombre de trois ou quatre cents, le suivaient en disant :

— Est-ce ainsi que l'on punit les hommes justes? les bonnes qualités, les plus grandes vertus ne servent-elles donc de rien?

Les uns le retenaient; d'autres poussaient des cris de douleur : on eût cru voir la séparation d'un père avec ses enfants. Protais les consolait et leur répétait qu'il était très heureux, que cette route était pour lui le chemin de la gloire.

Arrivé le 18 à Tsien-tsiou, avec toutes les personnes arrêtées dans sa maison, il fut, le soir même, cité devant le juge criminel, où il refusa d'apostasier et de dénoncer qui que ce fût.

Deux jours après on le conduisit devant le gouverneur. Celui-ci, entouré de quatre-vingts satellites, renouvela les mêmes injonctions et, sur son refus d'y obtempérer, le fit mettre à la question.

Plusieurs interrogatoires se succédèrent, mais Protais demeura inébranlable dans les supplices. La sentence fut signée à la septième lune, et au milieu des coups et des injures des valets du tribunal, il retourna à grand'peine à la prison. En y arrivant, il tomba sans connaissance, et ne revint à lui qu'après un assez long intervalle.

Le 15 de la neuvième lune, le juge le fit comparaître de nouveau et, après avoir vainement essayé de le séduire, lui dit :

— Non seulement tu es membre d'une secte sévèrement prohibée, mais encore tu as reçu chez toi des étrangers; ne trouve donc pas mauvais qu'on te punisse du dernier supplice.

— Traitez-moi, repartit Protais, selon la loi du royaume.

On lui infligea la bastonnade d'usage après la

lecture de la sentence, et il fut déposé à la prison civile, en attendant le jour fixé pour l'exécution.

Cette fois encore, Dieu punit dès ce monde les principaux instigateurs de la persécution.

Le ministre Tsio, grand-oncle maternel du roi, ayant excité par son arrogance la jalousie de son neveu, fut forcé de s'empoisonner lui-même, au milieu d'un grand festin, en décembre 1845.

Le ministre Ni Tsien-i, tombé en disgrâce, fut envoyé en exil, où il mourut après quelques mois.

Le traître Kim Je-saing-i, à qui l'on avait fait espérer les plus hautes dignités, n'obtint en récompense qu'une fonction subalterne, un titre honorifique assez insignifiant, et nul profit matériel. Les païens eux-mêmes l'avaient en horreur et le regardaient comme un monstre.

L'année suivante, de concert avec un autre scélérat qui s'était montré en 1791 et 1801, l'ennemi si acharné de la religion, Je-saing-i voulut de nouveau vexer les chrétiens. Mais le juge criminel les fit saisir tous les deux, fustiger sévèrement et condamner à l'exil perpétuel dans les îles.

Je-saing-i, sur les instances de son père, fut grâcié en 1853. A peine revenu, il se trouva impliqué dans un crime grave commis par un petit mandarin de la province septentrionale, fut ramené avec son complice à la capitale, chargé de fers, et de nouveau condamné à un exil perpétuel.

Rentré dans son pays, par suite d'une amnistie générale, Je-saing-i se mit, en 1862, à la tête d'une troupe d'insurgés, fut pris et mis à mort. Après l'exécution, son corps fut coupé en morceaux que l'on promena dans les diverses provinces, pour effrayer les rebelles.

Un lettré.

Enfin, les résultats de la persécution de 1839 furent tout autres que ne l'espérait le gouvernement coréen. Les chrétiens, il est vrai, y perdirent leurs pasteurs et le plus grand nombre de leurs catéchistes, mais ce ne fut pour la chrétienté qu'une privation passagère. Après la mort du

P. T'siou, en 1801, l'Église coréenne avait dû rester veuve pendant plus de trente ans, mais, cette fois, les circonstances n'étant plus les mêmes, les missionnaires européens avaient appris le chemin de la Corée, et la voie qu'on essayait en vain de leur fermer, devait se rouvrir bientôt devant leurs persévérants efforts.

D'un autre côté, outre l'avantage, si grand aux yeux de la foi, de compter dans le ciel tant de nouveaux martyrs et intercesseurs, la religion gagnait une publicité que des années de prédication n'eussent pu lui donner. Depuis le premier ministre jusqu'au dernier valet de prison, juges, mandarins, nobles, lettrés, gens du peuple, satellites, bourreaux, dans les districts les plus éloignés aussi bien qu'à la capitale, tous entendirent parler de la religion chrétienne, tous acquirent une certaine connaissance de ses principaux dogmes. La semence de la parole de Dieu fut portée par la tempête aux quatre vents du ciel, et qui nous dira dans combien d'âmes cette semence féconde germa en fruits de salut?

Un fait que les missionnaires ont souvent constaté depuis, c'est qu'à partir de cette persécution surtout, on cessa de mépriser les chrétiens et leur doctrine. L'hostilité du gouvernement ne diminua pas, mais l'opinion publique rendit justice à la charité, à la pudeur, à la patience, à la bonne foi, à toutes les vertus dont nos confesseurs donnèrent alors de si éclatants exemples.

CHAPITRE XI

Mgr Ferréol. — De Chine en Corée.

Avant qu'aucune nouvelle de la persécution fût parvenue en Chine, un missionnaire, M. Ferréol, s'était mis en route pour la Corée.

Jean-Joseph Ferréol, né en 1808, à Cucurron, dans le diocèse d'Avignon, était prêtre depuis quelques années, lorsque, en 1838, il vint au Séminaire des Missions-Étrangères, se préparer à l'apostolat des infidèles.

Il quitta la France au commencement de mai 1839, sur un navire de Bordeaux, et arriva heureusement en Chine le 23 janvier 1840. Il séjourna six semaines à Macao, puis s'embarqua de nouveau, le 6 mars 1840, sur une barque païenne.

Arrivé à Moukden, en Mandchourie, il ne put aller plus loin et fut obligé de se retirer en Mongolie.

De cette retraite, où il demeura deux ans, il dépêcha plusieurs fois des Chinois à la frontière de Corée, en leur ordonnant de se mettre en rapport avec les chrétiens de ce pays, au moment du passage de l'ambassade qui allait chaque année de Séoul à Pékin.

Ces tentatives furent inutiles; les envoyés ne trouvèrent ni lettres ni courriers.

Les fidèles Coréens travaillaient cependant, de leur côté, à rétablir les relations avec la Chine. En 1840, l'un d'eux se dirigea vers la frontière, mais il mourut en route; l'année suivante, un autre s'y rendit également, et ne put rencontrer les Chinois chrétiens. Un troisième, parti à la fin de 1842, fut plus heureux et réussit à s'aboucher avec M. Ferréol.

Celui-ci venait d'être nommé évêque de Belline et Vicaire apostolique de la Corée. A cette occasion, il avait écrit au Souverain Pontife :

« Très Saint-Père : Appuyé sur la bonté du Dieu des miséricordes, qui donne plus abondamment son secours à ceux qui sont dans l'indigence, je reçois avec humilité le fardeau que vous m'imposez. Je remercie Votre Sainteté, et mes actions de grâces sont d'autant plus grandes, que la partie de la vigne du Père de famille qui m'est assignée, est plus abandonnée et d'un travail plus difficile.... »

Les sentiments apostoliques du missionnaire et ceux de M. Maistre qui l'avait rejoint sont encore mieux exprimés dans une lettre aux directeurs du Séminaire des Missions-Étrangères.

« Messieurs, leur disait-il, il ne manque à la mission de Corée rien de ce qui fait ici-bas le partage de l'heureuse famille d'un Dieu persécuté, conspué, crucifié. Prions le Seigneur de réaliser l'espérance exprimée par Mgr de Capse mourant, de voir son peuple se ranger bientôt sous les lois de l'Évangile. Le sang de tant de martyrs n'aura point coulé en vain; il sera pour cette jeune terre, comme il a été pour notre vieille Europe, une semence de nouveaux fidèles.

» Je ne pense pas que le monde puisse, avec ses richesses et ses plaisirs, offrir à ses partisans une position, qui ait pour eux le charme qu'a pour nous celle à laquelle nous aspirons.

» Voilà deux pauvres missionnaires, éloignés de quatre à cinq mille lieues de leur patrie, de leurs parents, de leurs amis, sans secours humains, sans protecteurs, presque sans asile au milieu d'un peuple étranger de mœurs et de langage, proscrits par les lois, traqués comme des bêtes malfaisantes, ne rencontrant, semées sous leurs pas, que des peines, n'ayant devant eux que la perspective d'une mort cruelle; assurément il semble qu'il ne devrait pas y avoir au monde une situation plus accablante.

» Eh bien, non; le Fils de Dieu qui a bien voulu devenir fils de l'homme pour se faire le compagnon de notre exil, nous comble de joie au milieu de nos tribulations, et nous rend au centuple les consolations dont nous nous sommes privés en quittant, pour son amour et celui de nos frères abandonnés, nos familles et nos amis. »

Le missionnaire dont parlait Mgr Ferréol, M. Maistre, avait lui aussi tenté, mais inutilement, de pénétrer par la Mandchourie dans son Vicariat.

Deux jeunes séminaristes, déjà avancés dans leurs études, célèbres à divers titres dans l'histoire de l'Eglise de Corée, François Tsoi et André Kim, vinrent rejoindre l'évêque.

Mgr Ferréol envoya l'un d'eux, André Kim, préparer une nouvelle expédition.

Le courageux jeune homme parcourut les grandes plaines glacées de la Mandchourie, arriva sur la frontière, à Houng-tchoung, à l'époque de la foire annuelle, rencontra des Coréens catholiques, et il fut convenu que Mgr Ferréol se trouverait l'année suivante, en 1845, à Pien-men, afin d'entrer à la suite de l'ambassade.

L'évêque fut exact au rendez-vous. Mais, hélas! sa joie se changea en tristesse en entendant un chrétien lui déclarer que son entrée était impossible.

Le gouvernement, ayant su que les missionnaires, décapités en 1839, étaient venus par Pienmen, redoublait de surveillance sur ce point. Ne pouvant décider les courriers à l'emmener, Mgr Ferréol obtint du moins qu'ils essaieraient d'introduire André Kim. Celui-ci, après son arrivée en Corée, devait chercher à établir des relations par mer avec la Chine; il y réussit et alla à Chang-Haï chercher l'évêque et un nouveau missionnaire M. Daveluy.

Nous allons laisser Mgr Ferréol nous raconter lui-même les épisodes de ce périlleux voyage, dans une lettre adressée à M. Barran, directeur du Séminaire des Missions-Étrangères.

» Monsieur et cher confrère,

» Après six ans de tentatives, je suis enfin arrivé dans ma mission. Le Seigneur en soit mille fois béni! Vous me demandez quelques détails sur mon entrée dans ce royaume; je m'empresse de satisfaire à vos désirs....

» D'abord, vous serez peut-être bien aise de connaître la barque qui nous a portés en Corée à travers la mer Jaune. Elle a vingt-cinq pieds de long, sur neuf de large, et sept de profondeur. Pas un clou n'est entré dans sa construction, des chevilles en retiennent les ais unis entre eux; point de goudron, point de calfatage; les Coréens ne connaissent pas ce perfectionnement.

» A deux mâts d'une hauteur démesurée, sont attachées deux voiles en nattes de paille, mal cousues les unes aux autres.

» L'avant est ouvert jusqu'à la cale; il occupe le tiers de la barque.

» C'est là que se trouve placé le cabestan, entouré d'une grosse corde tressée d'herbes à demi pourries, et qui se couvrent de champignons dans les temps humides.

» A l'extrémité de cette corde est liée une ancre de bois, notre espoir de salut. Le pont est formé partie de nattes, partie de planches mises à côté l'une de l'autre, sans être fixées par aucune attache.

» Ajoutez à cela trois ouvertures pour entrer dans l'intérieur. Aussi, lorsqu'il pleut ou que les vagues déferlent par-dessus le bastingage, on ne perd pas une goutte d'eau. Il faut la recevoir sur le dos, et puis à force de bras la rejeter dehors.

» Les Coréens, quand ils naviguent, ne quittent jamais la côte. Dès que le ciel se charge, ils jettent l'ancre, étendent sur leurs baraques une couverture de chaume, et attendent patiemment que le beau temps revienne.

» Il n'est pas nécessaire de vous dire, Monsieur et cher confrère, que nous n'étions pas fort à l'aise dans la nôtre.

» Souvent inondés par la vague, nous vivions habituellement en compagnie des rats, des cancrelas, et, ce qui était plus ennuyeux, de la vermine. Sur la fin de notre navigation, il s'exhalait une odeur fétide de la cale, dont nous n'étions séparés que par un faible plancher.

» L'équipage était digne du navire; il se composait du P. André Kim, que j'avais ordonné prêtre quelques jours auparavant, et qui était notre capitaine; vous devinez facilement la portée de sa science nautique; plus, d'un batelier, qui nous servait de pilote, d'un menuisier, qui remplissait les fonctions de charpentier; le reste avait été pris pêle-mêle dans la classe agricole. En tout douze hommes. N'est-ce pas là un équipage improvisé?

Cependant, parmi ces braves gens se trouvaient des confesseurs de la foi, des pères, des fils, des frères de martyrs. Nous nommâmes notre barque le *Raphaël*.

Marchand ambulant en Corée.

» Vous avez appris les dangers qu'elle courut pour se rendre en Chine et y demeurer sans être capturée.

» Son départ nous offrait une autre difficulté ; c'était, pour M. Daveluy et moi, de monter à son bord à l'insu des mandarins qui la faisaient surveiller sans relâche.

» Le dernier jour du mois d'août, vers le soir, elle quitta le port de Chang-Hai, descendit dans le canal à la faveur de la marée, et vint mouiller en face de la résidence de Mgr de Bézi, où nous l'attendions. Un instant après, une chaloupe du gouvernement, qui l'avait suivie de loin, jeta l'ancre auprès d'elle. Toutefois, ce contretemps n'empêcha pas le P. André de descendre à terre, et de venir nous avertir. Le ciel était couvert, la nuit était sombre, tout semblait nous favoriser.

» Mgr de Bézi qui, depuis notre arrivée au Kiang-nan, nous avait prodigué l'hospitalité la plus généreuse, eut encore la bonté de nous accompagner jusqu'à la barque. La chaloupe du mandarin, emportée probablement par le courant, s'était un peu écartée; nous eûmes donc la liberté de monter à bord sans que personne nous aperçût.

» Le lendemain nous allâmes mouiller à l'embouchure du canal, auprès d'une jonque chinoise, qui faisait voile pour le Léao-tong; elle appartenait à un chrétien qui nous avait promis de nous remorquer jusqu'à la hauteur du Chan-tong.

» M. Faivre, missionnaire lazariste, se trouvait sur la jonque; il allait en Mongolie. Les premiers jours de septembre furent pluvieux, les vents nous étaient contraires et soufflaient avec violence : trois fois nous essayâmes de gagner le large, trois fois nous fûmes contraints de revenir au port.

» En pleine mer, il est rare que le Chinois coure des bordées contre le vent; au lieu de louvoyer, il retourne au plus proche mouillage, serait-il à cent lieues de distance.

» Près de l'île de Tsong-min se trouve une rade sûre; plus de cent navires, qui devaient se rendre dans le Nord, y étaient à l'ancre, attendant une brise favorable; nous allâmes nous y réfugier. Le capitaine de la jonque chinoise nous invita à célébrer, à son bord, la fête de la Nativité de la Sainte Vierge. Nous acceptâmes d'autant plus volontiers que nous devions jouir encore de la compagnie de l'excellent M. Faivre; les équipages de plusieurs autres barques chrétiennes se rendirent à la fête. Quatre messes furent dites; tout ce qu'il y avait là de fidèles communièrent. Le soir, des fusées s'élancèrent dans les airs en gerbes de feu; c'étaient nos adieux à la Chine et le signal du départ.

» Nous levâmes l'ancre, nous attachâmes notre barque à la jonque chinoise avec un gros câble, et nous reprîmes notre course vers la Corée.

» Le commencement de notre navigation fut assez heureux; mais bientôt à la brise qui enflait nos voiles, succéda un vent trop violent pour notre frêle embarcation; des lames d'une grosseur énorme semblaient à chaque instant devoir l'engloutir. Néanmoins nous soutînmes sans avarie leurs assauts pendant vingt-quatre heures.

» La seconde nuit, notre gouvernail fut brisé, nos voiles se déchirèrent; nous nous traînions péniblement à la remorque. Chaque vague jetait dans notre barque son tribut d'eau; un homme était sans cesse occupé à vider la cale. Oh! la triste nuit que nous passâmes!

» A la pointe du jour, nous entendîmes crier le P. André d'une voix à demi étouffée par la terreur; nous montâmes sur le pont, M. Daveluy et moi. Nous y étions à peine, qu'il s'en écroula une partie; c'était l'endroit au-dessous duquel nous habitions; un moment plus tard, nous eussions été écrasés par la chute des planches. André s'efforçait d'avertir le capitaine chinois de changer de direction, celle qu'il suivait nous conduisant vers la Chine; mais le bruissement des flots couvrait sa voix. Nous criâmes aussi de notre côté; nous parvînmes enfin à nous faire entendre, et quelqu'un parut sur l'arrière de la jonque : mais il ne put rien comprendre à nos paroles, ni à nos signaux.

» Dans le péril où nous étions, le P. André nous dit qu'il était prudent pour les deux missionnaires de quitter la barque coréenne, et de monter sur la jonque; que pour lui et ses gens, ils ne pouvaient nous suivre en Chine, parce que, d'après la loi d'extradition, ils seraient conduits à Pékin, et de là dans leur patrie, où une mort cruelle leur était réservée; que la mer, tout orageuse qu'elle était, leur offrait moins de péril ; qu'enfin la Providence disposerait d'eux comme elle le voudrait, mais qu'il importait avant tout de conserver à la mission de Corée son évêque.

» Quelque peine que nous eussions à abandonner ainsi des hommes qui s'étaient exposés à tant de dangers pour venir à nous, cependant, dans l'extrémité où nous étions, nous crûmes devoir adopter leur avis. Nous nous mîmes alors à faire signe à nos compagnons de voyage de nous amener à eux, ce qui étant fait, nous leur exprimâmes le désir de passer à leur bord. On joignit aussitôt les deux barques assez près l'une de l'autre pour que nous puissions être tirés sur la leur avec des cordes. On était à les préparer et à nous lier la ceinture, lorsque le câble qui nous retenait à la jonque se rompit, et nous abandonna à la fureur des vagues. On nous jette aussitôt le même câble; nous ne pouvons le saisir. C'en est fait. Emportés par le vent, nos Chinois sont déjà loin de nous. Nous leur tendions les bras en signe d'adieu, lorsque nous les voyons revenir. En passant devant notre barque, ils nous jettent des cordes; vaine tentative! nous n'en pouvons atteindre aucune. Ils reviennent une seconde fois et avec aussi peu de succès. Considérant alors l'inutilité de leurs efforts et le danger qu'ils couraient eux-mêmes de sombrer, ils continuent leur route, et disparaissent pour toujours à nos yeux.

» Quoique nous fussions loin d'en juger ainsi

dans le moment, ce fut un bonheur pour nous de n'avoir pas quitté notre barque; nous ne serions pas aujourd'hui dans notre chère mission, si une main invisible, disposant les choses mieux que notre prudence, n'avait enchaîné notre sort à celui de nos braves Coréens.

» Voilà donc notre *Raphaël* au milieu d'une mer en courroux, sans voiles et sans gouvernail. Je vous laisse à penser comme il a été ballotté et nous avec lui. Déjà il s'emplissait d'eau. On fut d'avis de couper les mâts. Nous avertîmes nos gens de ne pas les abandonner à la mer une fois abattus, comme ils avaient fait à leur premier voyage. Que les coups de hache me paraissaient lugubres! Les mâts en tombant brisèrent une partie de notre frêle bastingage : quand ils furent à l'eau, nous voulûmes les retirer sur le pont, ce qui aurait pu se faire, malgré l'agitation des vagues; mais nos marins étaient si découragés, que nous ne pûmes les déterminer à cet acte de prévoyance. Ils se retirèrent dans leurs cabines, prièrent un instant, puis s'endormirent.

» Cependant ces mâts, poussés par les flots, venaient par intervalle donner de rudes coups contre la barque: il était à craindre qu'ils n'enfonçassent ses flancs déjà ébranlés, mais Dieu veillait sur nous, il ne nous arriva aucun malheur. Le jour suivant l'orage s'apaisa, la mer fut moins agitée; notre équipage avait repris un peu de force et de courage dans le sommeil. On retira les mâts, on les mit debout; ils étaient raccourcis de huit pieds; sans doute un Européen les aurait trouvés encore assez hauts; aux yeux d'un Coréen, ils n'étaient plus en proportion avec la barque. Un nouveau gouvernail fut construit et les voiles raccommodées. Ce fut l'affaire de trois jours, pendant lesquels le calme nous favorisa. Pendant ce travail, nous avions constamment en vue de dix à quinze jonques chinoises: nous avions hissé notre pavillon de détresse; elles l'apercevaient très bien : pas une ne vint à notre secours. L'humanité est un sentiment inconnu au Chinois, il lui faut du lucre; s'il n'en espère point, il laissera mourir d'un œil sec ceux qu'il pourrait sauver.

» Nous avions été séparés de notre remorqueur à vingt-cinq lieues environ de Chan-tong; mais depuis lors, où les courants nous avaient-ils entraînés? où étions-nous? nous l'ignorions. Nous mîmes le cap sur l'archipel coréen. Peu après, le P. André nous dit qu'il lui semblait reconnaître ces îles, et que bientôt nous apercevrions l'embouchure du fleuve qui conduit à la capitale.

» Jugez, Monsieur et cher confrère, de notre joie; nous croyions toucher au terme de notre voyage et à la fin de nos misères !

» Mais, hélas! ce pauvre P. André était dans une grande erreur. Quelle fut notre surprise et notre douleur le lendemain, lorsque, abordant au premier îlot, nous apprîmes des habitants que nous étions au midi de la péninsule, en face de Quelpaert, à plus de cent lieues de l'endroit où nous voulions débarquer!

» Nous crûmes, cette fois, que nous étions poursuivis par le malheur; nous nous trompions cependant, car ici encore la Providence nous dirigeait.

» Si nous avions été droit à la capitale, nous aurions probablement été pris. Nous sûmes plus tard que l'apparition d'un navire anglais dans le midi du royaume, avait mis le gouvernement en émoi ; on surveillait les abords de la ville, on examinait avec une sévérité minutieuse toutes les barques qui entraient dans la rivière.

» La longue absence de la nôtre avait soulevé des soupçons dans l'esprit de ceux qui avaient été témoins de son départ; ils l'avaient vue s'approvisionner d'une manière extraordinaire; ils disaient même qu'elle partait pour un pays étranger. A notre arrivée, ils nous auraient suscité mille tracasseries; Dieu nous en délivra.

» Il nous restait encore une course périlleuse à fournir au milieu d'un labyrinthe d'îles inconnues de nous tous, sur une embarcation qui faisait eau et qui avait peine à tenir la mer. La corde de notre ancre était usée; si elle se rompait, nous devions nous faire échouer sur la côte et nous mettre à la discrétion des premiers venus, ce qui aurait entraîné notre perte.

» Nous décidâmes qu'il fallait modifier notre plan, et aller mouiller au port de Kang-kien-in, situé au nord de la province méridionale, dans une petite rivière, à six lieues dans l'intérieur. Il s'y trouvait quelques familles de néophytes convertis depuis peu à la foi. Ce fut un trajet de quinze jours au milieu d'alarmes continuelles. Nous avions constamment le vent debout; les

Femmes du peuple en Corée.

courants étaient rapides, les écueils nombreux. Plusieurs fois nous touchâmes sur les rochers; nous étions souvent engagés dans le sable, plus souvent encore nous nous trouvions arrêtés au fond d'une baie où nous espérions rencontrer un passage.

Nous envoyions alors notre canot à terre pour demander notre route. Enfin, le 12 octobre, nous jetâmes l'ancre à quelque distance du port, dans un lieu isolé.

» Notre descente devait se faire le plus secrètement possible. Nous envoyâmes un homme informer les chrétiens de notre arrivée. Ils vinrent deux, la nuit, pour nous conduire à leur habitation. Comme ils jugèrent à propos de me faire descendre en habit de deuil, on m'affubla d'un surtout de grosse toile écrue, on mit sur ma tête un grand chapeau de paille, lequel me tombait jusque sur les épaules; il était de la forme d'un petit parapluie à demi fermé; ma main fut armée de deux bâtonnets, soutenant un voile qui devait soustraire ma figure aux regards des curieux, et mes pieds furent chaussés de sandales de chanvre. Mon accoutrement était des plus grotesques. Ici, plus un habit de deuil est grossier, mieux il exprime la douleur causée par la perte des parents.

» M. Daveluy fut habillé avec plus d'élégance.

» Ces préparatifs achevés, deux matelots nous chargèrent sur leur dos, et nous portèrent à la terre des martyrs. Ma prise de possession ne fut pas très brillante.

» Dans ce pays, il faut faire tout en silence et à huis clos.

» Nous nous dirigeâmes à la faveur de la nuit vers la demeure du chrétien qui marchait en avant. C'était une misérable hutte bâtie en terre, couverte de chaume, composée de deux pièces, ayant à la fois pour porte et pour fenêtre une ouverture de trois pieds de haut. Un homme s'y tient à peine debout. La femme de notre généreux hôte était malade; il la fit transporter ailleurs pour nous donner un logement.

» Dans ces chaumières, point de chaises, point de table; ces sortes de délicatesses ne se trouvent, nous dit-on, que dans les maisons des riches.

» On est assis sur le sol couvert de nattes; par dessous est installé le fourneau de la cuisine, qui entretient une douce chaleur.

» Je vous écris, monsieur et cher confrère, accroupi sur mes jambes; une caisse ou mes genoux me servent de pupitre. Je reste tout le jour enfermé dans ma cabane, ce n'est que la nuit qu'il m'est permis de respirer l'air du dehors. On souffre beaucoup dans cette mission, mais cela dure peu, et le ciel récompense bien amplement ces peines en les couronnant du martyre.

» Je me séparai aussitôt de M. Daveluy; je l'envoyai dans une petite chrétienté étudier la langue. Il est plein de zèle, très pieux, doué de toutes les qualités d'un missionnaire apostolique. Je désire pour le bonheur des Coréens que Dieu lui conserve longtemps la vie. Nos matelots retournèrent dans leurs familles, qui avaient perdu tout espoir de les revoir jamais : depuis sept mois ils en étaient absents. On m'assure que la capitale est l'endroit où j'aurai le moins de dangers à courir ; je m'y rendrai peut-être au cœur de l'hiver prochain. En attendant, nous sommes comme l'oiseau sur la branche, nous pouvons être pris à chaque instant.

» Tout est à refaire dans cette mission ; et malheureusement il est plus difficile d'agir que du temps de nos confrères, parce que le gouvernement connaît mieux tout ce qui nous concerne, et aussi parce que la persécution a dispersé les chrétiens en bien des endroits. La première occupation sera d'envoyer çà et là des hommes pour savoir où ils habitent. Si les mandarins nous en laissent le temps, nous pourrons commencer l'administration de ce troupeau désolé, en nous entourant des plus grandes précautions pour que rien ne trahisse le secret de notre présence. Je me recommande instamment à vos ferventes prières, et j'ai l'honneur d'être avec un profond respect et l'affection la plus vive,

» Monsieur et cher confrère,

» Votre très humble et très dévoué serviteur.

» Joseph Ferréol,

» *Évêque de Belline et vic. ap. de la Corée.* »

CHAPITRE XII

Les marins français en Corée.

Arrivé à Séoul, Mgr Ferréol chargea André Kim de tout préparer pour l'entrée de M. Maistre qui venait d'échouer encore. Malheureusement, en remplissant cette mission, le jeune prêtre fut arrêté. Pas un instant son courage ne se démentit; il répondit avec fierté à tous les interrogatoires, déclara hautement sa qualité de chrétien et raconta sa vie tout entière.

Le récit de ses souffrances arracha à ses juges un cri de pitié :

— Pauvre jeune homme, dans quels terribles travaux il a toujours été depuis son enfance.

Sa grandeur d'âme et son intelligence séduisirent les ministres eux-mêmes, qui prièrent le roi de lui conserver la vie.

— Il a commis, lui dirent-ils, un crime digne de mort en sortant du royaume, et en communiquant avec les étrangers, mais il l'a expié en rentrant dans son pays.

Ils présentèrent ensuite la copie d'une mappemonde traduite par le prisonnier. Le roi, satisfait de ce travail, était sur le point d'accorder la grâce demandée, lorsqu'il reçut une lettre de l'amiral français Cécile qui, des Liou-kiou, venait d'arriver sur les côtes de la Corée.

Cette lettre était écrite en chinois, et en voici la traduction :

« Par l'ordre du ministre de la marine de France, le contre-amiral Cécile, commandant l'escadre française en Chine, est venu pour s'informer d'un attentat odieux, qui a eu lieu le 14 de la huitième lune de l'année kei-hai (21 septembre 1839).

» Trois Français, Imbert, Chastan et Maubant honorés dans notre pays pour leur science et leurs vertus, ont été, on ne sait pourquoi, mis à mort en Corée.

» Dans ces contrées de l'Orient, le contre-amiral, ayant pour devoir de protéger les hommes de sa nation, est venu ici s'informer du crime, qui a mérité à ces trois personnes un sort aussi déplorable.

» Vous me direz peut-être :

» — Notre loi interdit l'entrée du royaume à tout étranger ; or ces trois personnes, l'ayant transgressée, ont subi la peine de leur transgression.

» Et le contre-amiral vous répond :

» — Les Chinois, les Mandchoux et les Japonais entrent quelquefois témérairement chez vous. Loin de leur faire du mal, vous leur fournissez les moyens de retourner en paix au sein de leurs familles. Pourquoi n'avez-vous pas traité ces Français comme vous traitez les Chinois, les Mandchoux et les Japonais?

» Nous croyions que la Corée était la terre de la civilisation, et elle méconnaît la clémence du grand empereur de la France. Si vous voyez des Français s'en aller à des milliers de lieues de leur patrie, ne vous imaginez pas pour cela qu'ils cessent pour cela d'être Français et qu'on ne se soucie plus d'eux. Il faut que vous sachiez que les bienfaits de notre empereur s'étendent sur ses sujets, en quelque lieu du monde qu'ils se trouvent. Si parmi eux se rencontrent des hommes qui commettent dans un autre royaume des crimes punissables, tels que le meurtre, l'incendie ou autres, et qu'on les en châtie, notre empereur laisse agir la justice; mais si, sans sujet et sans cause, on les met tyranniquement à mort, alors, justement indigné, il les venge de leurs iniques oppresseurs.

» Persuadé que, pour le moment, les ministres ne peuvent promptement me répondre sur le motif qui m'a amené dans ces parages, savoir : la mort infligée par les Coréens à trois docteurs de notre nation, je pars.

» L'année prochaine, des navires français viendront de nouveau chercher la réponse.

» Seulement je leur répète qu'ayant été clairement avertis de la protection bienveillante que notre empereur accorde à ses sujets, si par la suite une pareille tyrannie s'exerce de la part des Coréens sur quelques-uns d'entre eux, certainement la Corée ne pourra éviter d'éprouver de grands désastres, et quand ces désastres viendront fondre sur le roi, sur les ministres et les mandarins, qu'ils se gardent bien de les imputer à d'autres qu'à eux-mêmes ; ils seront punis et cela pour s'être montrés cruels, injustes, inhumains. — L'an 1846 du salut du monde, le 8 de la cinquième lune (1er juin). »

« Si l'on vient, écrit à l'occasion de cette lettre Mgr Ferréol, si l'on vient l'année prochaine, et qu'on exige la réparation de la mort de nos confrères, il nous est permis d'espérer dans l'avenir une ère moins cruelle pour la religion ; mais si l'on s'en tient à ces menaces, le peuple coréen méprisera les Français, et le roi n'en deviendra que plus furieux contre les chrétiens. Déjà cette lettre a été l'occasion de la mort du P. Kim, ou du moins l'a accélérée. »

En effet, voyant les chrétiens soutenus par les étrangers, le roi avait donné l'ordre de frapper les prisonniers, de relâcher ceux qui apostasieraient et de mettre immédiatement à mort ceux qui resteraient fidèles à leur foi.

André Kim garda son invincible fermeté; il fut décapité le 16 septembre 1846. Sa mort fut belle et sainte, elle fait honneur au clergé indigène qui, dans toutes les missions, récompensait si largement la Société des Missions-Étrangères des sacrifices qu'elle s'impose pour lui.

Pendant les préparatifs du supplice, André parlait avec ses bourreaux :

— De cette manière suis-je placé comme il faut ? leur disait-il. Pouvez-vous frapper à votre aise ?

— Non, tournez-vous un peu, voilà qui est bien.

— Frappez, je suis prêt.

Et la tête du jeune prêtre roula sur le sol.

Les officiers supérieurs de la marine française qui, pendant le règne de Louis-Philippe, parcoururent les mers de Chine furent tous les défenseurs dévoués, les amis sincères des missionnaires.

Favin-Levêque, Cécile, Lapierre et bien d'autres ne laissèrent échapper aucune occasion de rendre service aux apôtres.

En 1847, le commandant Lapierre, ayant sous ses ordres deux bâtiments, la frégate *La Gloire* et la corvette *La Victorieuse*, résolut de se présenter sur les côtes de la Corée, pour savoir l'effet produit par la lettre que le commandant Cécile avait écrite l'année précédente à la cour de Séoul.

Il prit à son bord M. Maistre et le diacre coréen Thomas Tsoi.

Le 10 août, les deux bâtiments s'avançaient de concert, au milieu d'un groupe d'îles, dans des parages où les Anglais avaient trouvé de soixante-douze à quatre-vingt-quatre pieds d'eau. On était par 35° 45' de latitude nord, et 124° 8' de longitude est.

Rien n'annonçait la présence d'un danger, lorsque tout à coup les deux navires touchèrent à la fois.

En vain prit-on immédiatement toutes les mesures possibles pour les remettre à flot; on était malheureusement sur un banc de sable, la brise était fraîche et pour comble de malheur, la marée achevait de monter. Lorsqu'elle descendit, le corps des bâtiments se trouva presque tout entier hors de l'eau.

Il fallut attendre une nouvelle marée; mais quand le flot revint, les navires s'étaient enfoncés dans le sable, des voies d'eau se déclarèrent de toutes parts, et tout espoir de sauver *La Gloire* et *La Victorieuse* fut perdu.

Le 11, la brise tomba un peu, et on put employer la journée à retirer les provisions, les armes et les munitions. Dans la journée du 12, les marins français, au nombre de plus de six cents, opérèrent leur débarquement sur une île voisine, et le 13 au soir, les deux commandants quittèrent les derniers leurs navires. On n'eût à déplorer que la perte de deux matelots de *La Victorieuse*, qui se noyèrent en allant porter au large une ancre destinée à relever la corvette.

L'île sur laquelle les Français débarquèrent

se nommait Kokoun-to, ou Ko-koun-san (1).

Les équipages s'y établirent sous des tentes, en attendant le retour de la chaloupe de *La Gloire,* qu'on expédia à Chang-haï, à cent cinquante lieues environ, pour trouver des moyens de sauvetage.

L'île fournissait de l'eau, et les naufragés avaient des vivres pour deux mois au moins. On travailla activement à sauver les débris des navires, mais, en quelques jours, la mer avait tout emporté.

Les Coréens habitants de l'île se montraient bienveillants pour les étrangers, néanmoins ils craignaient d'avoir des relations avec eux. Bientôt arriva un mandarin de la cour; il permit de vendre des provisions aux Français, et offrit, au nom du gouvernement coréen, de fournir des barques pour les reconduire en Chine. Cet envoyé n'était porteur d'ancune lettre en réponse à celle du commandant Cécile.

Dans toutes les conférences des Français avec les Coréens, Thomas Tsoi servait d'interprète, mais de peur d'être reconnu, il ne parlait pas coréen : c'était à l'aide de caractères chinois qu'il conversait avec le mandarin. Il lui demanda un jour s'il y avait des chrétiens en Corée, et si le roi les persécutait encore. Le mandarin répondit affirmativement aux deux questions, et ajouta

(1) Ces deux mots sont ici synonymes, car *to* signifie île, et *san :* montagne.

qu'on était résolu d'en finir avec cette secte impie, en mettant à mort tous ceux que l'on rencontrerait.

Le temps, qui semblait bien long aux matelots, paraissait trop court à M. Maistre et à Thomas; car ils craignaient d'être obligés de partir avant d'avoir pu s'aboucher avec des chrétiens, et d'avoir trouvé le moyen de débarquer sur la presqu'île coréenne. Après tant d'années d'attente, après tant de voyages et de fatigues, un naufrage les avait jetés providentiellement sur le territoire de leur mission; et peut-être leur faudrait-il bientôt quitter cette terre si longtemps désirée.

« Chaque soir, écrivait plus tard Thomas, je regardais de tous côtés pour voir si quelque barque chrétienne ne viendrait pas vers nous; et je languissais dans la prière et dans l'attente. Un jour, j'étais allé dans un bourg voisin pour quelque affaire, et je revenais la nuit suivante dans une barque avec quelques Coréens. Je me mis à leur parler de religion en leur traçant dans la paume de la main des caractères chinois. Un d'eux me dit :

» — Est-ce que vous connaissez Jésus et Marie?

» — Oui, repris-je, et vous, les connaissez-vous? leur rendez-vous un culte?

» Il me répondit affirmativement, et interrompit aussitôt la conversation de peur d'être remarqué des païens qui l'entouraient. »

Le lendemain, il fallut s'embarquer pour la Chine sur des navires anglais, qui, à la première nouvelle du naufrage, étaient accourus porter secours aux Français.

Après ce départ, le gouvernement coréen, craignant de nouvelles visites des barbares étrangers, résolut de répondre à la lettre du commandant Cécile :

Il envoya par Pékin, une dépêche qui fut remise à M. Lapierre à Macao, et en même temps, une proclamation royale fit connaître cette pièce dans tout le royaume.

« L'an passé, des gens de l'île d'Or-ien-to, qui fait partie du royaume de Corée, nous remirent une lettre, apportée, disaient-ils, par des navires étrangers. Nous fûmes tout étonnés à cette nouvelle, et ouvrant la lettre, nous reconnûmes qu'elle était adressée à nos ministres par un chef de votre royaume. Or, cette lettre disait : « Trois hommes vénérables de notre pays : Imbert, Maubant et Chastan ont été mis à mort par vous. Nous venons vous demander pourquoi vous les avez tués. Vous direz peut-être que votre loi défend aux étrangers d'entrer dans votre royaume, et que c'est pour avoir transgressé cette loi qu'ils ont été condamnés. Mais si des Chinois, des Japonais ou des Mondchoux viennent à entrer en Corée, vous n'osez pas les tuer, et vous les faites reconduire dans leur pays. Pourquoi donc n'avez-vous pas traité ces trois hommes comme des Chinois, des Japonais ou des Mandchoux? S'ils avaient été coupables d'homicide, d'incendie, ou d'autres crimes semblables, vous auriez bien fait de les punir, et nous n'aurions rien à dire, mais comme ils étaient innocents, et que vous les avez condamnés injustement, vous avez fait une injure grave au royaume de France. »

» A cette lettre nous ferons une réponse claire.

» En l'année kei-haï (1839), on a arrêté en Corée des étrangers qui s'y étaient introduits, nous ne savons pas à quelle époque. Ils étaient habillés comme nous, et parlaient notre langage ; ils voyagaient la nuit, et dormaient pendant le jour; ils voilaient leurs visages, cachaient leurs démarches, et étaient associés avec les rebelles, les impies et les scélérats. Conduits devant le tribunal et interrogés, ils ont déclaré se nommer : l'un Pierre Lo, l'autre Jacques Tsang. Sont-ce là les hommes dont parle la lettre de votre chef?

» Dans l'interrogatoire, ils n'ont pas dit qu'ils étaient Français, et quand bien même ils l'auraient dit, comme nous entendions parler de votre pays, pour la première fois, comment aurions-nous pu ne pas appliquer notre loi qui défend d'entrer clandestinement dans le royaume? quand même nous aurions su que les hommes que nous avons fait mourir étaient Français, leurs actions étaient plus criminelles que celles des homicides et des incendiaires, nous n'aurions pas pu les épargner ; à plus forte raison, ignorant leur nationalité, avons-nous dû les condamner au dernier supplice.

» La chose est très claire et n'a pas besoin de nouvelles explications.

» Nous savions que vous deviez venir cette année chercher une réponse à votre lettre, mais comme cette lettre a été remise sans les formalités requises, nous n'étions pas tenus d'y répondre. Ce n'est pas une affaire qui regarde un gouverneur de province. De plus comme notre royaume est subordonné au gouvernement chinois, nous devons consulter l'empereur sur les affaires qui regardent les étrangers. Rapportez cela à votre chef, et ne soyez pas surpris que pour vous exposer le véritable état des choses, nous ayons été conduits à vous parler, comme nous venons de le faire. »

Dans la dépêche au commandant Lapierre, le gouvernement coréen témoignait aussi le désir qu'on n'envoyât pas de navire sur les côtes de Corée, pour recueillir les canons qui avaient été laissés dans l'île Ko-koun-to.

M. Lapierre répondit à cette dépêche par la voie du gouvernement chinois. Il disait en substance :

« Dans les premiers mois de 1848, un navire de guerre français ira en Corée pour chercher tout ce qui a été laissé sur l'île Ko-koun-to. Quant aux raisons alléguées par le gouvernement coréen, pour se justifier du meurtre des Français, elles ne sont pas acceptables. Si à l'avenir un Français est arrêté en Corée, on devra le renvoyer à Pékin : en agissant autrement, on s'exposerait aux plus grands malheurs. »

Telles furent les premières relations officielles de la France avec la Corée. Quand le commandant Lapierre rentra en France, la révolution de 1848 venait d'éclater, et l'on ne songeait guère à la Corée.

Avant d'aller plus loin, nous devons payer un juste tribut de reconnaissance aux officiers français qui, à cette époque, représentèrent notre pays dans l'Extrême-Orient.

Avec des moyens d'action très limités, avec la crainte continuelle de dépasser leurs instructions, et d'encourir un blâme sévère pour les actes du patriotisme le plus éclairé, ils surent se montrer dévoués à la sainte cause des missions, et trouver les moyens de favoriser la prédication de l'Évangile. Leurs noms seront toujours chers aux Églises de l'Extrême-Orient, et, malgré tous les désastres qui ont suivi, la mission de Corée en particulier n'oubliera pas ce qu'ils ont fait ou voulu faire.

Le naufrage des vaisseaux français avait enorgueilli les Coréens, comme s'il eût été le fait de leur bravoure ; ils affichaient le plus profond mépris pour les barbares d'Europe, ils ne parlaient plus que d'exterminer tous les chrétiens; cependant cette ardeur tomba peu à peu; la mort du roi, des révolutions de palais tournèrent les esprits d'un autre côté, et les missionnaires purent accomplir en paix l'œuvre de Dieu. Malheureusement, Mgr Ferréol, usé avant

MGR BERNEUX

l'âge par les labeurs de l'apostolat, mourut le 5 février 1853; il n'avait que quarante-cinq ans.

Il fallait cacher cette mort aux païens du voisinage. M. Daveluy revêtit le corps du vénérable défunt des habits sacerdotaux, avec quelques insignes de la dignité épiscopale, et vers minuit, on le transporta secrètement dans une autre maison plus retirée.

Le lendemain matin, le missionnaire célébra le saint Sacrifice, il plaça ensuite le corps dans un cercueil en bois de pin, qui fut recouvert extérieurement d'une couche épaisse de vernis, sur laquelle on inscrivit les noms et qualités de l'évêque de Belline.

Le tout fut enfermé, selon l'usage du pays, dans un autre cercueil plus léger destiné à protéger le vernis.

La neige et les glaces ne permettant pas de faire immédiatement l'inhumation, le cercueil fut confié à un bon chrétien qui en demeura chargé pendant deux mois, et ce ne fut que le 11 avril, pendant la nuit, que M. Daveluy put rendre les derniers devoirs à son évêque.

Mgr Ferréol avait témoigné le désir d'être enterré auprès de Mgr Imbert, son prédécesseur, ou auprès du prêtre indigène André Kim. L'opposition de quelques païens ayant rendu le premier endroit d'un accès difficile, c'est auprès du martyr André, au village de Miri-nai, à quinze lieues de la capitale, que fut inhumé le troisième vicaire apostolique de la Corée.

Au moment où il acceptait la charge épiscopale, il avait dit :

— Des deux premiers évêques envoyés en Corée, l'un meurt à la frontière sans pouvoir y pénétrer, le second n'y prolonge pas ses jours au delà de vingt mois. Qu'en sera-t-il du troisième?

Le troisième, après dix ans de voyages, de privations, de travaux et de souffrances, devait mourir dans la force de l'âge, épuisé de fatigues, laissant dans sa mission deux prêtres seulement, M. Maistre et M. Daveluy.

CHAPITRE XIII

Mgr Berneux. — La guerre anglo-française en Chine. — Neuf missionnaires français mis à mort.

La succession de Mgr Ferréol échut à un missionnaire de Mandchourie, sauvé dix ans auparavant par le commandant Favin-Levêque des prisons de l'Annam : Mgr Berneux, né à Château-du-Loir, département de la Sarthe.

Il fit ses études au petit séminaire de Précigné et se montra dès le début digne du portrait qu'un de ses missionnaires, M. Féron, devait tracer de lui quarante ans plus tard :

« A une piété angélique, à un zèle ardent pour le salut des âmes, Mgr Berneux joignait une connaissance profonde de la théologie et une capacité rare pour l'administration. Son activité ne lui laissait aucun repos. Je n'ai jamais pu comprendre comment il suffisait seul à ce qui eût occupé trois ou quatre missionnaires, comment il pouvait entrer dans le plus petit détail de toutes les affaires spirituelles ou temporelles. Il avait le district le plus vaste, une correspondance très étendue avec les missionnaires et les chrétiens; il était le consulteur universel, le procureur de la mission; il donnait à la prière un temps considérable; et, néanmoins, quand un missionnaire allait le voir, il semblait n'avoir rien à faire que de l'écouter, de s'occuper de lui, de le récréer par sa conversation pleine d'esprit et d'amabilité.

» Il n'était pas, ce semble, naturellement porté à l'humilité ni à la douceur. On devinait que s'il n'eût été un saint, sa fermeté serait devenue aisément de la tyrannie, et sa plaisanterie du sarcasme. Mais la grâce avait tout corrigé.

» On pouvait le contredire sur tout; il savait mettre tout le monde à l'aise, et ses lettres à ses missionnaires contenaient toujours quelque mot d'affectueuse tendresse. Sa modestie était portée à un excès qui nous faisait quelquefois sourire, et dont le bon évêque riait le premier, mais sans en rien rabattre. Quant à sa nourriture lorsqu'il était seul, un peu de riz et quelques légumes, c'était tout. Il s'était interdit le vin de riz dans ses dernières années.

» Jamais ni la viande, ni le poisson, ni même les œufs ne paraissaient sur sa table, sinon quand il recevait quelqu'un de nous.

» Alors il faisait tous ses efforts pour bien traiter son hôte, et lui, qui ne mangeait jamais de pain quand il était seul, attendu que les Coréens n'en font point, prenait plaisir à pétrir lui-même quelques pains pour les offrir à un confrère qui venait le voir, ou les lui envoyer en province par quelque occasion.

» Un fait vous donnera la mesure de sa mortification : les cruelles douleurs de la pierre, dont il souffrait habituellement, ne lui faisaient interrompre son travail que quand il était gisant à terre presque à l'agonie. Je l'ai vu passer vingt-quatre heures de suite au confessionnal, et comme je me permettais de le gronder :

» — Que voulez-vous, me répondait-il, ces douleurs m'empêchent de dormir. »

Son coadjuteur, Mgr Daveluy, donnait les derniers soins à la publication de divers ouvrages importants pour l'instruction des néophytes.

C'est dans cette année surtout qu'entouré de livres, de traducteurs et de copistes, compulsant des manuscrits précieux, et consultant la tradition orale, il put recueillir des documents du plus haut intérêt, ajouter cent cinquante pages aux annales des premiers martyrs, et rédiger des notes biographiques sur presque tous les confesseurs (1).

Pour éclairer quelques-unes des obscurités, combler plusieurs lacunes de l'histoire de la grande persécution de 1801 et des temps qui l'avaient précédée, il fit dans les parties les plus éloignées de la chrétienté un voyage de trois mois, afin de retrouver et d'interroger en personne, sous la foi

(1) C'est avec les documents et les notes alors envoyés en France, que fut rédigée la plus grande partie de l'*Histoire de l'Église de Corée*, publiée par M. Dallet.

du serment, tous les témoins qui pouvaient lui donner quelque renseignement utile.

Il envoya à M. Albrand, supérieur du Séminaire des Missions-Étrangères, la traduction des documents qu'il avait recueillis; ce fut une heureuse inspiration, car au printemps de l'année suivante, le feu prit à la maison épiscopale, en l'absence du prélat, et consuma une grande caisse où étaient réunis en sept ou huit volumes les titres originaux de l'histoire des martyrs en chinois et en coréen, avec différents travaux sur l'histoire du pays, une quantité de livres coréens très précieux.

Le provicaire, M. Pourthié (1), dans les courts instants que lui laissait le soin du séminaire, continuait le grand dictionnaire commencé par Mgr Daveluy, pendant que M. Petitnicolas (2), son collègue au séminaire, s'occupait de la paroisse voisine et que M. Féron faisait ses débuts dans le ministère apostolique.

Outre les travaux ordinaires de l'administration des chrétiens, le prêtre indigène Thomas Tsoï, qui était sur le bord de la tombe, achevait la traduction des principaux livres de prières, préparait une édition plus complète et plus exacte du catéchisme et les envoyait à la capitale où s'organisait une imprimerie.

Quatre jeunes missionnaires, Landre, Joanno,

(1) Du diocèse d'Albi, d'un hameau du canton de Valence-en-Albigeois, parti en 1855, mort le 11 mars 1866.

(2) De Coinches, diocèse de Saint-Dié, parti en 1853, mort le 11 mars 1866.

Ridel et Calais, débarquèrent en Corée en 1862.

— Maintenant, s'écriait Mgr Berneux, en annonçant leur arrivée à M. Albrand, que le travail vienne et les ouvriers ne manqueront pas.

Hélas! combien furent tristes les beaux jours que l'évêque croyait entrevoir.

M. Aumaître

La Chine venait alors de subir d'humiliantes défaites, les Français et les Anglais avaient battu ses troupes, pénétré dans Pékin et dicté des lois à son empereur. Quand les missionnaires apprirent ces nouvelles, ils regrettèrent vivement qu'un vaisseau de guerre français ne parût pas dans la rivière de Séoul, car il eût obtenu pour la France et pour le catholicisme toutes les concessions qu'il eût demandées.

En effet, dire la terreur folle, la consternation profonde qui se répandirent de la capitale dans tout le royaume, serait chose impossible.

Toutes les affaires furent suspendues, les familles riches ou aisées s'enfuirent dans les montagnes. Les ministres, n'osant eux-mêmes quitter leurs postes, firent partir en toute hâte leurs femmes, leurs enfants et leurs trésors. Des mandarins de haut rang se recommandaient humblement à la protection des néophytes, et faisaient des démarches afin de se procurer des livres de religion, des croix ou des médailles pour le jour du danger; quelques-uns mêmes portaient publiquement à leur ceinture ces signes du christianisme. Les satellites, dans leurs réunions, se disculpaient à qui mieux mieux de toute coopération aux poursuites dirigées contre les chrétiens, et aux tortures qu'on leur avait infligées.

Profondeur des desseins de Dieu! Si à ce moment un navire français, une simple chaloupe, se fût présenté, exigeant pour la religion la même liberté qui venait d'être stipulée en Chine, on se fût empressé de tout accorder, heureux encore d'en être quitte à ce prix. Cette paix aurait été troublée peut-être, comme en Chine et au Tonkin, par des émeutes populaires, par de sourdes intrigues, par des incendies d'églises ou des assassinats de missionnaires, mais elle aurait donné des années de tranquillité comparative, favorisé l'essor des œuvres chrétiennes et la conversion des gentils. Elle aurait fait une large brèche à ce mur de séparation, qui existe entre la Corée et les peuples chrétiens, et hâté le jour où il tombera pour jamais. Dieu ne l'a pas voulu !

Les navires qui, de la pointe du Chang-tong où ils séjournèrent des mois entiers, n'étaient pas à quarante lieues des côtes de Corée, partirent sans y faire même une courte apparition.

Quand les Coréens furent certains du départ de la flotte anglo-française, la panique générale se calma peu à peu, et le gouvernement, revenu de sa frayeur, songea à faire quelques préparatifs de défense pour le cas où les barbares d'Occident seraient tentés de revenir.

Mais les missionnaires ne furent pas inquiétés, les chrétiens eurent à subir seulement des vexations sans importance, qui cessèrent bientôt par suite d'émeutes populaires que le gouvernement dut réprimer; et Mgr Berneux, confiant en l'avenir, écrivait au Souverain Pontife en lui annonçant le baptême de huit cents néophytes :

« Le gouvernement de ce pays sait parfaitement bien ce qui s'est passé en Chine, et comme il tremble de voir les Européens lui déclarer la guerre, nous avons pour l'avenir une espérance sérieuse de paix, de tranquillité, et par conséquent de succès abondants. »

La Société des Missions-Étrangères, escomptant

ce bel avenir entrevu par Mgr Berneux, fit partir de nouveaux prêtres pour la Corée; ce furent en 1863, M. Aumaître, un des rares prêtres que la Charente ait jamais donnés aux Missions; en 1864, Martin-Luc Huin, le doux et pieux enfant de Guyonvelle au diocèse de Langres; Louis Beaulieu, figure sympathique et charmante dont le Bordelais garde le souvenir; Dorie, un fils de la Vendée, à l'âme vaillante comme ses ancêtres qui moururent pour Dieu et pour le roi; Just de Bretenières, l'ardent patricien dont Mgr d'Hulst a fait revivre la mémoire dans une biographie de tous points admirable.

Mais, hélas! à peine ces nouveaux apôtres étaient-ils arrivés sur la terre coréenne, que le ciel devenait gros d'orages et que la tempête éclatait.

Quels étaient donc les événements qui avaient si brusquement changé la face des choses?

Les voici brièvement résumés.

La mort du roi, arrivée en 1864, avait rendu l'influence au vieux parti des persécuteurs. L'une des quatre veuves couronnées, la reine Tcho, s'empara par surprise du sceau royal, et, sous le nom du défunt, transmit le trône, suivant la coutume coréenne, à un prince de son choix. C'était un enfant de douze ans.

Pour accomplir ce coup d'audace, elle s'était appuyée sur une faction, qui était précisément celle des pires ennemis du christianisme. Aussi, bien que personnellement elle ne fût pas portée aux mesures de violences, elle dut prendre pour ministres les partisans de la persécution. Ainsi se préparaient les terribles événements qui devaient accabler de maux l'Église coréenne.

Un incident de la politique étrangère en précipita la réalisation.

Depuis plusieurs années, les Russes faisaient en Tartarie des progrès inquiétants pour l'indépendance de la Corée. D'annexions en annexions, ils s'étaient rapprochés de la frontière septentrionale de ce royaume, et touchaient au petit fleuve qui forme la limite de la province de Ham-kieng (1). En janvier 1866, un navire russe se présenta à Ouen-san, port de commerce sur la mer du Japon; de là le commandant envoya à la cour de Séoul une lettre impérieuse réclamant la liberté du commerce et le droit pour les marchands russes de s'établir en Corée.

L'émoi fut grand à la cour et dans tout le royaume. Le zèle malencontreux de quelques chrétiens tourna contre l'Église le mouvement qui agitait le pays. Convaincus que de la démarche des Russes pouvait enfin sortir l'émancipation religieuse de la Corée, ils écrivirent au régent, pour lui persuader que l'unique moyen d'éloigner leurs puissants voisins était de contracter une alliance avec la France et l'Angleterre, et que le

(1) Voir *Atlas de la Société des Missions-Étrangères, carte de la Corée.*

négociateur, né de cette alliance, était l'évêque catholique.

Le régent reçut la lettre sans manifester son sentiment. Partageait-il la manière de voir ceux qui l'avaient écrite? En tous cas, il s'informa de Mgr Berneux et exprima le désir de lui parler.

Celui-ci venait de quitter Séoul pour commencer l'administration en province, et jamais ses travaux apostoliques n'avaient été aussi féconds. L'invitation du régent lui ayant été transmise, il se hâta d'y déférer. Quatre jours après, le 25 janvier, il était de retour à la capitale. Mais le régent, informé de son arrivée, négligea de l'appeler, et cette abstention laissa planer un doute terrible sur ses véritables dispositions. Dans l'intervalle, il est vrai, il avait eu avec un des auteurs de la lettre un long entretien sur la religion chrétienne, en avait admiré la doctrine morale, mais s'était plaint de l'interdiction qui proscrit les sacrifices aux ancêtres. En réalité, le régent gagnait du temps; il voulait s'inspirer des événements.

Malheureusement, une fois de plus, les menaces des Européens avaient été vaines, et le navire russe s'était éloigné; le parti de l'intolérance triompha. Le régent, à supposer que ses sentiments intimes fussent favorables, n'était pas homme à s'exposer pour protéger les catholiques.

Les mesures de violence et d'injustice ne répugnaient pas à son caractère. Il céda au courant, et la perte des missionnaires fut résolue.

Pendant ce temps, Mgr Berneux, las d'attendre inutilement, avait de nouveau quitté Séoul et repris ses travaux, mais sans s'éloigner beaucoup. Il revint le 5 février.

Quelques jours plus tard, il ne pouvait plus se faire d'illusion sur le sort qui l'attendait. Des satellites se présentèrent pour faire une perquisition chez lui, sous un prétexte fiscal. L'évêque comprit qu'on voulait s'assurer de sa personne, mais il crut d'abord qu'on voulait seulement le garder à vue, et dès lors il refusa de changer de retraite, craignant que, pour le découvrir, la police n'étendît ses investigations à toutes les maisons des fidèles, et que les vexations ne devinssent générales.

La perfidie de son domestique, assez mauvais chrétien, amena précisément le résultat que, dans son dévouement, le Vicaire apostolique avait voulu prévenir. Le traître indiqua aux satellites la résidence exacte des missionnaires dont l'arrestation fut immédiatement résolue et exécutée.

Mgr Berneux fut naturellement pris le premier.

Le 23 février, à quatre heures du soir, sa maison fut envahie ; il fut saisi, garroté, puis comme il n'opposait aucune résistance, délié presque aussitôt et conduit d'abord au tribunal de *Droite*, ainsi nommé parce qu'il est situé à droite du palais ; de là, à la prison criminelle du Kiouriou-kan, où sont enfermés pêle-mêle les criminels de bas étage, et, le surlendemain, il fut transféré à la prison Keum-pou réservée aux accusés nobles et aux criminels d'État.

Les soldats chrétiens, présents aux divers interrogatoires du confesseur de la foi, ont noté ses réponses et toutes les circonstances du drame.

— Quel est votre nom? demanda le juge.

— Tjiang (c'était le nom coréen de Mgr Berneux).

— Qu'êtes-vous venu faire en Corée?

— Sauver vos âmes.

— Depuis combien d'années êtes-vous dans ce pays?

— Depuis dix ans, et pendant ce temps j'ai vécu à mes dépens; je n'ai rien reçu gratis, pas même l'eau ou le bois.

L'évêque faisait allusion aux calomnies des païens qui prétendaient que les missionnaires, manquant du nécessaire dans leur propre pays, venaient en Corée pour s'enrichir.

— Si on vous met en liberté, et qu'on vous ordonne de retourner dans votre pays, obéirez-vous?

— Si vous m'y reconduisez vous-même de force, il faudra bien que j'y aille, sinon, non.

— Mais nous ne connaissons pas votre pays, comment donc pourrions-nous vous y reconduire? Votre réponse signifie que vous ne voulez pas quitter la Corée.

— Comme vous voudrez : je suis entre vos mains, et je suis prêt à mourir.

Le lendemain 27, nouvel interrogatoire auquel assistèrent le régent et son fils aîné. On proposa au captif d'apostasier.

— Non certes, répondit-il, je suis venu pré-

M. Martin-Luc Huin

cher la religion qui sauve les âmes, et vous voudriez que je la renie !

— Si vous n'obéissez pas, vous serez frappé et mis à la torture.

— Faites ce que vous voudrez; assez de questions inutiles.

L'effet suivit de près la menace. On fit subir au vénérable évêque, entre autres tortures, la bastonnade sur les jambes et la poncture des bâtons sur tout le corps, principalement sur les côtes. Les os des jambes furent dégarnis de leur chair, mis à nu et horriblement contusionnés; bientôt le corps ne fut plus qu'une plaie. Le supplice terminé, on enveloppa les jambes avec du papier huilé et quelques morceaux de toile, et on reconduisit le confesseur en prison.

La même scène se renouvela, à diverses reprises, les jours suivants; mais les forces de Mgr Berneux étaient tellement épuisées et sa voix devenue si faible, que les soldats chrétiens ne purent entendre ses paroles.

La sentence de mort fut enfin portée en ces termes :

« L'accusé Tjiang refusant d'obéir au roi, et ne voulant ni apostasier, ni donner les renseignements qu'on lui demande, ni retourner dans son pays, aura la tête tranchée après avoir subi les différents supplices. »

Trois ou quatre jours après l'arrestation de Mgr Berneux, trois autres missionnaires, MM. de Bretenières (1), Beaulieu (2) et Dorie (3), avaient été pris.

Tout se passa pour eux comme pour leur évêque.

(1) Du diocèse d'Autun, incorporé à Dijon, parti en 1864, mort le 8 mars 1866.

(2) Du diocèse de Bordeaux, parti en 1864, mort le 8 mars 1866.

(3) Du diocèse de Luçon, parti en 1864, mort le 8 mars 1866.

Ils expliquèrent en quelque mots la raison de leur présence en Corée et leur ferme résolution de mourir pour Dieu. Quant au reste, ils s'excusèrent de ne pas y répondre, parce que, nouvellement arrivés, ils ne connaissaient pas encore assez la langue; ils reçurent la bastonnade sur les os des jambes et sur les pieds, et subirent aussi la poncture des bâtons. Leur dernier interrogatoire se termina par une sentence de mort.

Quelques jours se passèrent dans l'attente de l'exécution, dans les souffrances d'un corps brisé, dans la joie de l'âme heureuse de ses saintes espérances réalisées et de son amour victorieux.

Enfin, le 8 mars 1866, les quatre condamnés furent extraits de la prison.

Mgr Berneux était en tête; MM. de Bretenières, Beaulieu et Dorie suivaient leur chef.

Incapables de se tenir debout, ils étaient portés chacun sur une chaise, les jambes et les bras étendus en avant et liés aux barreaux, la tête renversée en arrière et attachée par les cheveux.

Au-dessus de leur tête, comme au-dessus de la croix du Sauveur, une planchette portait inscrite la sentence de condamnation :

« Un tel (le nom coréen du missionnaire), rebelle et désobéissant, condamné à mort après avoir subi plusieurs supplices. »

Pendant le trajet de la prison à Saï-nam-to, les porteurs se reposèrent plusieurs fois. Dans ces intervalles, Mgr Berneux s'entretenait avec ses prêtres, qui ne pouvaient dissimuler leur allégresse. Parfois, jetant les yeux sur la foule des curieux, il s'écriait en soupirant :

— Hélas ! mon Dieu ! qu'ils sont à plaindre !

Quelques assistants ayant eu la lâcheté d'insulter et de railler les martyrs, le saint évêque, apôtre jusqu'au bout, leur dit avec fermeté :

— Ne vous moquez pas et ne riez pas ainsi; vous devriez plutôt pleurer. Nous étions venus pour vous procurer le bonheur éternel, et maintenant qui vous montrera le chemin du ciel ? Oh ! que vous êtes à plaindre !

Le cortège arrivé près du village de Saï-nam-to, Mgr Berneux est appelé. Ses bras sont liés fortement derrière le dos; un bourreau replie l'une contre l'autre les deux extrémités de chaque oreille et les traverse de haut en bas, par une flèche qui y demeure fixée. Deux autres bourreaux aspergent d'eau le visage et la tête, qu'ils saupoudrent ensuite de chaux; puis, passant deux morceaux de bois sous les bras, soulèvent l'évêque et le montrent aux spectateurs en lui faisant faire huit fois le tour de la place, rétrécissant chaque fois le cercle qu'ils forment en marchant, de manière à se trouver au milieu du terrain.

La victime est alors placée à genoux, la tête inclinée en avant, retenue par les cheveux liés à une corde que tient un soldat.

Les six bourreaux, brandissant de longs coutelas, tournent autour en exécutant une danse sauvage et en poussant des cris horribles ; chacun d'eux frappe à volonté. Au troisième coup, la tête du vénérable évêque roule sur le sol, et tous les soldats et les satellites crient à la fois :

— C'est fini.

La tête est aussitôt ramassée, et selon l'usage, elle est placée sur une petite table, avec deux bâtonnets, puis portée au mandarin, pour qu'il puisse constater de ses propres yeux que c'est bien celle du condamné.

De Bretenières lui succéda, puis Beaulieu et enfin Dorie qui, après avoir vu se répéter trois fois ces scènes sanglantes, consomma lui-même son glorieux martyre.

La Mission de Corée marchait de martyre en martyre, ne pouvait-on pas dire de victoire en victoire ?

Le jour même de l'exécution de Mgr Berneux et de ses compagnons, deux autres missionnaires, Pourthié et Petitnicolas, étaient jetés dans les prisons de Séoul ; traduits immédiatement devant les juges, ils eurent à subir les mêmes interrogatoires et les mêmes tortures que les premiers confesseurs. M. Pourthié, épuisé par la maladie, ne prononça que quelques mots. M. Petitnicolas portait habituellement la parole et, pour cette raison sans doute, il fut plus souvent et plus cruellement flagellé et percé de bâtons aiguisés. Leur sentence fut rendue presque aussitôt et exécutée le 11 mars.

Avec eux périrent un jeune Coréen de vingt-un ans, Alexis Ou, qui avait eu beaucoup de difficultés à surmonter pour devenir chrétien, et qui se montra héroïque au milieu d'affreux tourments, et un catéchiste âgé de soixante-seize ans, Marc Tieng, serviteur dévoué des missionnaires, dont la constance ne fut pas moins admirable dans les supplices.

En quelques jours, six apôtres du Christ avaient été mis à mort, mais la rage des persécuteurs n'était pas satisfaite; ils voulaient en finir de suite avec les prédicateurs de l'Évangile.

Instruits par les dénonciations du traître Ni-Son-i, qui avait livré Mgr Berneux, les mandarins savaient la présence d'autres prêtres français en Corée; ils connaissaient même le lieu ordinaire de leur résidence.

Les satellites furent lancés dans toutes les directions. Mgr Daveluy fut arrêté le premier. Appelé lui aussi par le régent, il avait quitté Séoul après une attente inutile, et avait repris sa tournée d'administration dans la plaine de Nai-po, lorsqu'il reçut un billet de M. de Bretenières, l'informant de l'arrestation de Mgr Berneux. Il crut d'abord à un simple incident et pensa que le gouvernement tenait à avoir sous la main les évêques et les missionnaires, pour sortir plus aisément des complications politiques avec les Russes.

Le 11 mars, jour du martyre de MM. Pourthié et Petitnicolas, il fut arrêté chez un de ses catéchistes.

Encore convaincu que le gouvernement ne songeait pas à ordonner une persécution générale et n'en voulait qu'aux missionnaires européens. il craignit, en laissant se prolonger les recherches, de compromettre un plus grand nombre de chrétiens, et il fit dire à M. Huin (1), alors caché à Keu-to-ri, qu'il lui conseillait de venir le rejoindre.

Les satellites, en acceptant d'envoyer la lettre, promirent de ne pas procéder à d'autres arrestations; mais la promesse ne fut pas tenue, et bientôt la terreur s'étendit sur tout le pays.

M. Huin déféra immédiatement à l'avis de son évêque.

Presque en même temps, M. Aumaître, avant d'avoir reçu un semblable avis, que Mgr Daveluy lui avait d'ailleurs également expédié, mais obéissant à la même pensée de charité pour les pauvres Coréens, se livra aux satellites. Aussi bien, les mesures de rigueur prises par la police, ôtaient aux missionnaires, nommément recherchés, tout espoir d'échapper aux poursuites; ils ne pouvaient, en se cachant quelques jours de plus, qu'attirer, pensaient-ils, de nouveaux malheurs sur un plus grand nombre de maisons suspectées de catholicisme.

(1) Du diocèse de Langres, parti en 1864, mort le 30 mars 1866.

Satisfaits de cette reddition spontanée, les satellites mirent en liberté les chrétiens arrêtés avec l'évêque. Mais le serviteur de celui-ci, Luc Hoang, refusa de s'en aller et voulut partager le sort de son maître. Ici comme ailleurs, les exemples du dévouement le plus sublime côtoyaient ceux de la perfidie.

Tandis qu'on emmenait les confesseurs de la foi à la capitale, un riche païen s'approcha de Mgr Daveluy, et lui dit avec l'accent d'une respectueuse sympathie :

— Au point de vue de l'âme, ce que vous faites est bien beau, mais votre sort est terrible et me fait grande compassion.

Conduits à Séoul, et enfermés dans le Kou-riou kan, les quatre prisonniers subirent les interrogatoires et les tortures ordinaires. Les détails manquent sur les circonstances de leur confession. Nous savons seulement que Mgr Daveluy fut le plus cruellement tourmenté, et que, questionné sur la religion, il fit de ses interrogatoires l'occasion d'une prédication développée de la foi chrétienne.

Le quatrième jour, leur sentence fut portée. Mais le roi était alors malade, et une nombreuse troupe de sorciers, réunis au palais, faisaient pour le guérir des cérémonies diaboliques; de plus, il devait bientôt célébrer son mariage.

On craignit que le supplice des Européens ne nuisît à l'effet des sortilèges, et que l'effusion de sang humain dans la capitale ne fût d'un fâcheux augure pour les noces royales.

Ordre fut donné d'aller exécuter les condamnés dans la presqu'île de Sourieng, à vingt-cinq lieues au sud de Séoul. On les emmena de suite, en leur adjoignant un autre confesseur, Joseph Tjiang, catéchiste et maître de maison de M. Pourthié.

Ils furent conduits à cheval au lieu de l'exécution. Leurs jambes, brisées par la bastonnade, étaient enveloppées de papier huilé retenu par des lambeaux de toile; sur la tête, ils portaient le bonnet jaune, et autour du cou, la corde rouge. Leur cœur surabondait de joie, et plusieurs fois, au grand étonnement des satellites et des curieux, ils adressèrent à Dieu de ferventes actions de grâces, en chantant des psaumes et des cantiques.

Le jeudi saint, 29 mars, ils étaient arrivés assez près du lieu de l'exécution.

Mgr Daveluy entendit les satellites qui, causant entre eux, se promettaient de retarder encore l'immolation des confesseurs pour aller les montrer à la ville voisine. Alors touché d'un vif désir de mourir le jour même de la mort du Sauveur, il les interrompit :

— Non, s'écria-t-il, ce que vous dites là est impossible. Vous irez demain droit au lieu de l'exécution, car c'est demain que nous devons mourir.

La parole du condamné fut obéie, et le lendemain, vendredi saint, 30 mars 1866, l'évêque, ses deux prêtres, son catéchiste et son serviteur donnèrent leur vie pour Jésus-Christ.

On dit que le mandarin qui présidait à l'exécution voulut que les martyrs se prosternassent devant lui. C'est l'usage, en Corée, que les condamnés saluent ceux qui les font mourir. Mgr Daveluy répondit noblement qu'il saluerait à la manière française, et il refusa de se mettre à genoux. Une poussée brutale le jeta la face contre terre.

Un autre incident horrible marqua le supplice du saint évêque.

L'exécuteur n'avait pas fixé le prix de sa sanglante besogne. Après avoir déchargé sur le condamné un premier coup qui lui entailla profondément la nuque, il s'arrêta et refusa de continuer si on ne lui promettait une forte somme. L'avarice du mandarin résistait à ses prétentions. Il fallut réunir les employés de la préfecture pour décider le cas. La discussion dura longtemps, la victime se débattait à terre dans les convulsions de l'agonie, enfin le marché fut conclu, et deux nouveaux coups de sabre délivrèrent l'âme du témoin de Jésus-Christ.

Lorsque la nouvelle de ces faits parvint en France, tous les diocèses qui avaient l'honneur de compter les martyrs parmi leurs enfants, se réjouirent de leur triomphe et le célébrèrent par des fêtes solennelles.

A Amiens, patrie de Mgr Daveluy, Mgr Mermillod, entouré du nonce et de dix-neuf archevêques et évêques, fut l'interprète éloquent des sentiments de l'admiration commune.

A Dijon, le même grand évêque chanta plutôt qu'il ne raconta l'héroïsme de M. de Bretenières, le jeune martyr « qui honorait plus sa patrie par sa mort glorieuse que par l'éclat d'une carrière brillante aux yeux du monde. »

Au Mans, Mgr Fillion, dans un langage d'une piété émouvante et douce, rappela les vertus de Mgr Berneux, dont il avait guidé les premiers pas sur les marches du sanctuaire.

Partout les Églises remercièrent les martyrs du nouveau fleuron qu'ils attachaient à leur couronne, mais nulle part la reconnaissance ne fut plus touchante et la joie plus vive qu'au Séminaire des Missions-Étrangères, sans doute parce que nulle part on ne recevait de ces morts une gloire plus resplendissante et des grâces plus abondantes.

Les aspirants étaient en vacances à Meudon, dans la maison de campagne du Séminaire. Le soir, le supérieur leur annonça qu'en Corée, dans l'espace de quelques jours, deux évêques et sept prêtres de la Société avaient versé leur sang pour Jésus-Christ.

A cette glorieuse nouvelle, un cri de joie sortit de tous les cœurs; et aussitôt, improvisant une illumination dans les branches des grands érables qui protègent la statue de la Sainte Vierge, ils chantèrent un *Te Deum* d'action de grâces, avec l'invocation, neuf fois répétée : *Reine des martyrs, priez pour nous.*

CHAPITRE XIV

Mgr Ridel. — L'aurore de la liberté.

En face de cette navrante situation, les trois missionnaires survivants, MM. Féron, Calais, Ridel, résolurent de faire appel à la France. M. Ridel quitta secrètement la Corée et vint à Tien-tsin trouver l'amiral Rose, qui décida de faire une expédition en Corée.

Cette expédition eut lieu, mais elle n'aboutit qu'à aggraver la situation des néophytes et à précipiter la ruine de cette infortunée mission de Corée.

M. Ridel, qui avait accompagné l'escadre française en qualité d'interprète, eut la douleur d'assister à l'échec de nos armes et d'en entrevoir les déplorables conséquences.

En quittant par obéissance la terre de Corée, il n'avait pu s'empêcher de verser des larmes. Il prévoyait sans doute que cet exil qui commençait pour lui, serait, hélas! de longue durée, et il pleurait. Ah! c'est que pour l'apôtre, la mission est devenue une autre patrie, d'autant plus chère à son cœur qu'il y a plus souffert.

Cet exil dura plus de dix ans. Ce fut durant cette période que le Saint-Siège le choisit pour succéder aux vénérables évêques martyrisés en 1866.

Il vint à Rome pendant le Concile, et reçut dans la Ville éternelle la consécration épiscopale des mains du cardinal de Bonnechose, archevêque de Rouen. Après le Concile, il se hâta de retourner en Chine. Installé à Notre-Dame des Neiges, une des résidences de Mandchourie, la plus rapprochée de la Corée, avec quelques missionnaires, il chercha durant plusieurs années, sans y réussir, les moyens de rentrer dans sa chère Mission.

Dans une tentative qu'il fit en 1875, avec M. Blanc, il faillit même périr. Monté sur une jonque chinoise, il était parvenu sur la côte de Corée au lieu convenu pour le rendez-vous ; mais la barque coréenne qui devait les recevoir à son bord, ne parut pas.

La présence de la jonque ne tarda pas à être remarquée et à exciter les soupçons. Déjà on avait mis des bateaux à sa poursuite, et elle ne pouvait plus trouver de refuge sur la côte ; d'autre part la tempête grondait au large, et s'y aventurer, c'était courir à un naufrage presque certain. Ce parti sembla cependant préférable.

Aussitôt emporté par l'ouragan, le frêle esquif menaçait de sombrer ; mais les missionnaires s'adressèrent à Celle que l'Église invoque sous le beau titre d'Étoile de la mer; ils firent un vœu.

Le vent tomba aussitôt; la mer redevint calme et la jonque put heureusement regagner le port d'où elle était partie quinze jours auparavant.

Aujourd'hui une grande plaque de marbre, dressée dans une des chapelles de la basilique de Notre-Dame de Lourdes, rappelle à la fois le péril que coururent les missionnaires, leur confiance en Marie, le secours qu'ils en obtinrent et leur reconnaissance.

*
* *

Ces tentatives, plusieurs fois réitérées et toujours sans résultat, ne découragèrent pas le vaillant évêque. Enfin, Dieu exauça ses désirs; en 1876, il put faire entrer en Corée deux de ses missionnaires, et au mois de novembre de l'année suivante, il eut l'ineffable consolation de les y rejoindre avec deux autres prêtres.

Quelle joie pour ce pasteur bien-aimé de revoir son troupeau, et pour celui-ci de posséder enfin son pasteur! Mais, hélas! dans quel état il retrouvait sa mission!

La persécution avait fait des milliers de victimes, les chrétiens qui avaient échappé à la tourmente, étaient dispersés; vivant parmi les païens, au milieu de tous les périls, dans de continuelles angoisses, sans prêtres, sans secours religieux, bon nombre avaient succombé au découragement. Que de ruines à relever, de misères à soulager, de maux à réparer!

Le courageux prélat se mit aussitôt à l'œuvre, et, secondé par ses généreux missionnaires, il commença la restauration de cette belle mais si désolée Église de Corée.

Le retour de l'évêque avait d'ailleurs donné confiance aux néophytes ; chaque nuit sa maison était assiégée par ces pauvres gens, tous avides de le revoir, de l'entendre et de recevoir la grâce des sacrements.

Cette joie du pasteur et de son troupeau devait, hélas ! être de courte durée. Il n'était en Corée que depuis trois mois, lorsque soudain, le 28 janvier, sa maison est envahie par les satellites ; lui-même est garrotté et jeté dans un cachot comme un vil malfaiteur. Il y resta de longs mois, mais le gouvernement coréen n'osa le condamner à mort. Sur l'ordre de Pékin, il fut même reconduit sain et sauf en Chine. En passant la frontière de ce pays bien-aimé qu'il ne devait plus revoir, il ne put s'empêcher, comme en 1866, de verser des larmes. Hélas ! c'était un second exil et un exil qui ne devait plus finir.

*
* *

Quoiqu'éloigné de sa mission, le vénérable confesseur de la foi s'occupait activement de ses intérêts, multipliant ses démarches, soit à Pékin, soit à Tokio, et avec le concours de nos représentants auprès des gouvernements chinois et japonais, cherchant à intéresser ceux-ci en faveur de ses chrétiens persécutés.

Il occupait ses loisirs forcés à mettre la dernière main à un ouvrage considérable qu'il avait entrepris depuis longtemps, et qu'il eut la joie de mener à bonne fin. Ainsi, avec la collaboration de ses missionnaires, il rédigea une grammaire et un

M. Just de Bretenières

dictionnaire coréens. Ces ouvrages précieux ont été publiés à Yokohama en 1881. Ils ont été appréciés comme ils le méritent, de tous ceux qui s'occupent de linguistique.

« Travail long et difficile ; il fallait, en effet, grouper les mots, les locutions, les assujettir à certaines règles, redresser les phrases vicieuses, savoir distinguer la véritable langue des mots étrangers. C'était une œuvre de longue haleine, elle dura quinze ans, mais elle devait rendre un service inappréciable.

» Je ne puis, à ce sujet, taire un détail qui nous révèle le patriotisme du vénérable évêque. Les deux ouvrages étaient faits en coréen et en français. Les missionnaires protestants de Chine, lui offrirent de les faire traduire en anglais, de payer tous les frais d'impression et de lui donner pour sa mission une large rémunération de son travail. Les Allemands lui firent des offres encore plus séduisantes.

» — Non! jamais, dit-il, je ne consentirai à vendre aux autres le travail de quinze ans de ma vie. Je suis Français, et je veux que les Coréens apprennent la langue de la France et non pas celle des nations étrangères. »

Cependant, dans ses voyages, et au milieu de ses travaux, Mgr Ridel appelait sans cesse de ses vœux le jour où il pourrait rentrer dans sa chère mission. S'il n'avait consulté que son cœur, il eût bien vite surmonté tous les obstacles, bravé tous les périls, et pénétré de nouveau dans ce pays obstinément inhospitalier. Il savait combien son retour était désiré des missionnaires et des chrétiens, et le bien qui en résulterait. Mais, d'autre part, il était trop en vue pour espérer de pouvoir reparaître sans que la chose fût remarquée, et il craignait, non sans raison, que son retour ne compromît la situation et ne ramenât la persécution. Dans cette perplexité, il consulta le Saint-Siège qui, tout en le félicitant de son zèle et de son courage, lui conseilla de différer jusqu'à des jours meilleurs l'exécution de son généreux dessein.

Ce conseil fut pour lui un ordre, mais un ordre qui coûta beaucoup à son cœur de missionnaire et d'évêque. Une seule chose soutenait son courage, l'espérance en des jours meilleurs, qui lui ouvriraient bientôt les portes de la Corée.

*
* *

On parlait déjà de tentatives que les gouvernements des Etats-Unis d'Amérique, d'Angleterre et d'Allemagne faisaient pour entrer, à la suite des Japonais, en relations avec les Coréens. Tout faisait espérer que bientôt les barrières qui fermaient ce pays à la civilisation et à l'Évangile tomberaient.

Mais Dieu, dont les desseins sont mystérieux, devait se contenter de sa bonne volonté. Une épreuve suprême lui était réservée, celle de la maladie qui allait détruire ses espérances, et finalement le ravir à notre affection.

Bien que d'une constitution très robuste, Mgr Ridel n'avait pas laissé de ressentir les effets des souffrances qu'il avait endurées pendant sa longue détention; sa santé avait été altérée, ses cheveux avaient blanchi; au physique c'était un vieillard, mais son âme avait gardé toute son énergie.

Au retour d'un voyage à la capitale du Japon, où le gouvernement de ce pays lui avait fait le meilleur accueil, et lui avait promis de faire son possible pour améliorer le sort de ses missionnaires et de ses chrétiens, il était de passage à Nagasaki, lorsque soudain il fut frappé de paralysie.

Ni les soins que Mgr Petitjean et ses missionnaires lui prodiguèrent, ni les précieuses sympathies qu'on lui témoigna de toutes parts, ne purent triompher du mal.

Après avoir essayé à Nagasaki d'abord, puis à Chang-haï et enfin à Hong-kong, tous les moyens de guérison et consulté les médecins, sur l'avis unanime de ces derniers, le vénérable malade prit le chemin de l'Europe, dans l'espoir que l'air natal, les eaux thermales triompheraient du mal et le rendraient à la santé et à sa chère mission.

Arrivé au mois de septembre 1882, Mgr Ridel reçut, soit à Paris, soit au sein de sa pieuse famille, qui fut pour lui d'un dévouement admirable, tous les soins que nécessitait son état. Rien ne fut épargné pour obtenir le résultat si ardemment désiré.

Convaincu de l'impuissance des moyens humains, il voulut recourir à Celle qui l'avait assisté et secouru au milieu des tempêtes et dans les horreurs de la prison; il fit deux fois le voyage de

Lourdes ; mais Marie cette fois n'exauça pas sa prière et celle de ses nombreux amis. Le vénérable prélat était mûr pour le Ciel. Il mourut le 20 juin 1884.

La délivrance de Mgr Ridel, grâce à l'intervention de puissances étrangères, fut bientôt suivie de l'arrestation d'un missionnaire, le P. Deguette.

Après une campagne aussi pénible que fructueuse, le P. Deguette se reposait de ses travaux, dans un petit viliage de la préfecture de Kong-tjyou, lorsque le 16 mai 1879, au moment où il s'y attendait le moins, une trahison vint le livrer aux mains des persécuteurs, et remettre la désolation parmi les chrétiens.

Les précautions mêmes que le missionnaire avait prises pour laisser ignorer le lieu de sa résidence, s'étaient tournées contre lui. Faute de renseignements, le courrier de Séoul qui était parti l'avertir de l'arrivée prochaine des satellites de la capitale, ne put arriver à temps pour détourner le coup qui le menaçait.

Cédant aux instances de son évêque et de ses confrères, le P. Deguette a raconté lui-même le récit de sa captivité. Cette relation, qui a paru dans les *Missions catholiques,* s'ouvre par ce cri du cœur :

« Hélas ! je ne suis plus en Corée. Aussi vous dire ce qui se passe en ce moment dans mon cœur, vous dire ma tristesse, le regret, l'amertume que j'éprouve en pensant à mes confrères, à M. Blanc et aux autres, en pensant à ces chers chrétiens que j'aimais tant, et loin desquels je me suis vu si vite et si cruellement exilé; vous peindre, en un mot, ma désolation, est une chose à laquelle je renonce, ou plutôt je pleure pour vous la mieux exprimer. Chère Corée, chers amis, s'ils savaient comme je pense à eux. »

Il raconte ensuite, avec une simplicité touchante, les détails de son arrestation, son voyage à la capitale qu'il fit escorté des satellites, ses interrogatoires, toutes les privations de sa longue réclusion. Mais volontiers il oublie ses propres souffrances, pour compatir à celles de ses compagnons de captivité :

« Qu'étaient devenus mes chrétiens? se demande-t-il. Là-dessus, impossible d'obtenir le plus petit renseignement. J'en parlais souvent; j'interrogeais à dessein; mais les satellites ne répondaient pas ou me trompaient toujours, si bien que j'ai passé trois longs mois, sans savoir qu'ils étaient tout à côté, enfermés dans la prison de gauche, là où Mgr Ridel avait passé quelque temps de sa captivité.

» Sur la fin de juillet seulement, j'appris que nous étions voisins. Cette nouvelle me causa une grande joie; je vous dirai même qu'elle m'excita beaucoup à supporter, avec plus de patience, les peines et les contrariétés qui pouvaient m'arriver. Ma croix, en effet, mes souffrances, qu'étaient-elles en comparaison des leurs? Et quand je songeais à toutes leurs privations, comme j'aurais voulu partager avec eux mon abondance.

» Mais impossible de les voir ; impossible de briser leurs fers même à prix d'argent, impossible de les aider, de les consoler, de leur envoyer un peu de ce bon riz que je mangeais.

» J'ai vu moi-même la quantité de nourriture qu'on leur donnait journellement. Et voyez-vous, quand j'y songe, encore aujourd'hui, je ne puis maîtriser un sentiment profond d'indignation. Je ne sache pas qu'on les ait battus, ces chers chrétiens, du moins officiellement ; mais quelles souffrances ! quelles tortures endurées par la faim ! quels ennuis, quels dégoûts dans ces prisons infectes, au milieu des grandes chaleurs de l'été... privés d'air, toujours les fers aux pieds, et sans cesse rongés par la vermine qui abonde dans ces lieux, et qui, dit-on, en est le plus rude supplice ! Quel beau et quel long martyre que celui-là ! Et par suite, quels mérites devant Dieu !

» Mais j'ajoute aussi : à ces martyrs, qu'il faut de foi, de patience et de résignation ! Quelle vertu solide ils doivent avoir pour ne pas se relâcher dans la prière, pour se maintenir toujours simples, toujours charitables, chastes, résignés, pour ne pas se laisser aller au murmure et emporter par le découragement.

» Un jour, je les ai vues, ces victimes de la faim ; mais quel spectacle, grand Dieu ! Je reculai épouvanté. Ce n'étaient plus des hommes, c'étaient de vrais squelettes, autant de cadavres ambulants, que la misère, la faim, la gale, une lèpre affreuse avaient entièrement défigurés !

» Ce jour-là, par hasard, on avait fait sortir tous les prisonniers, afin de leur faire prendre l'air ; et mon œil plongeant à l'intérieur, par une petite ouverture pratiquée à la porte de ma chambre, je vis et je distinguai très bien, quoique avec peine tout d'abord, quelques-uns des chrétiens pris avec moi, entre autres Ni Léon, le père de mon servant. Je dis quelques-uns, car les hommes seulement étaient venus à la capitale. Les femmes et les enfants étaient restés en province, et on les avait enfermés dans les prisons de Kong-tjyou. J'ignore aujourd'hui ce qu'ils sont devenus. J'ai appris seulement que deux des hommes, ayant pu briser leurs fers, s'étaient échappés à la faveur de la nuit.

» Ceux qui m'avaient suivi à Séoul étaient donc peu nombreux. En tout ils étaient cinq, y compris un néophyte de Pyeng-taik, qu'on avait saisi peu de temps après mon arrestation. Je les vis ces cinq chrétiens, sans qu'eux-mêmes pussent m'apercevoir ; et après avoir considéré leur visage avec émotion, jugeant que leur mort était prochaine, je leur donnai bien vite, sous condition, une dernière absolution. Quelques jours après, on m'apprenait que deux d'entre eux, puis trois, puis quatre étaient morts. Le dernier certainement n'a pu survivre. »

*
* *

Grâce à l'intervention de M. Patenôtre, ministre de France en Chine, le P. Deguette fut mis en liberté au commencement de septembre et recon-

M. Petitnicolas

duit en Chine comme l'avait été Mgr Ridel. Il arriva le 15 octobre à Notre-Dame des Neiges, où les missionnaires de Corée jouissaient, depuis dix ans et plus, de l'hospitalité large et généreuse de leurs confrères de Mandchourie.

Le P. Deguette s'y sentait néanmoins en exil. « Chassé et expulsé violemment de ma mission, mais très désireux de retourner à mon poste, je n'attends pour cela que les ordres de mon évêque et la volonté de la Providence. »

Le cri qui commençait sa lettre, et ce vœu qui la termine, disent assez ce que durent coûter au P. Deguette les trois années qu'il eut à passer loin de ses chers chrétiens. Son cœur particulièrement sensible et impressionnable se serra bien des fois à la pensée que, de longtemps, il ne lui serait pas permis de rentrer dans sa mission.

Tant que la situation resterait la même en Corée, le retour, dans ce pays, d'un missionnaire délivré par ordre de l'empereur de Chine, sur les instances de la légation française, pouvait paraître prématuré, et amener diverses complications regrettables. Le ministre de France à Pékin avait écrit dans ce sens à Mgr Ridel, et le P. Deguette ne pouvait pas l'ignorer.

Cette défense lui fut bien dure, mais ne demandant avant tout qu'à obéir, et au besoin se sacrifier, il s'abandonna à la Providence, et trouva encore, quoique éloigné de la Corée, le moyen de travailler pour elle.

Quelques jeunes chrétiens coréens avaient quitté leur pays, pour se préparer en Chine à l'état ecclésiastique. Le P. Deguette se fit leur professeur, et leur fit commencer leurs études. Tout en enseignant le latin à ses élèves, il apprenait lui-même le chinois, et trouvait encore du temps pour entreprendre un dictionnaire latincoréen. Ainsi se passèrent les trois années de Tcha-kcou ; le travail laissait peu de prises à l'ennui.

Le successeur de Mgr Ridel, Mgr Blanc, réussit à faire rentrer le P. Deguette en Corée, et le vaillant missionnaire reprit avec joie ses travaux tout en observant les plus minutieuses précautions.

Si favorable qu'elle fût, la situation, en effet, demeurait précaire. Le Japon, les États-Unis d'Amérique, l'Angleterre, l'Allemagne, la Russie, avaient bien conclu des traités avec la Corée, qui leur ouvraient les portes du pays, mais la France n'avait pas encore paru, et les missionnaires demeuraient abandonnés à la merci d'un pouvoir qui du jour au lendemain pouvait redevenir persécuteur.

« Nous sommes toujours au ban de l'empire, écrivait Mgr Blanc, en 1884, et à la merci du premier satellite venu ; mais Dieu veille sur nous, et ce que Dieu garde est bien gardé. L'année prochaine nous ferons le centenaire de l'introduction de notre sainte religion dans le royaume de Corée. Durant ce court espace de temps, que de sang versé, que de ruines amoncelées, néanmoins, comme partout, le résultat final est le triomphe de la croix. »

Et en 1885 il écrivait encore :

« Ici, la situation n'a pas changé. Nous sommes toujours dans un état qui n'est ni la paix ni la guerre et qui, par là même exige de nous de plus grandes précautions, afin de ne rien compromettre. Cependant, l'œuvre de Dieu continue petit à petit. Cette année, le nombre des baptêmes d'adultes dépasse cinq cents. Nous sommes ici neuf missionnaires, dont deux résident à la capitale, moi et le procureur de la mission.... Jusqu'ici nous ne possédons rien de public, n'ayant pas la permission de paraître au grand jour.... »

Malgré ce que cet état de choses avait de précaire, Mgr Blanc marchait de l'avant, mettant sa confiance en la Providence. A la capitale même, il fondait un collège chinois-coréen, un orphelinat et un hospice pour les vieillards. La France enfin alla déployer son pavillon sur cette terre de Corée si souvent arrosée du sang de ses prêtres; elle envoya pour représenter ses intérêts et ceux du catholicisme un homme aussi capable que dévoué, M. Colin de Plancy, dont le nom restera cher aux missionnaires et aux chrétiens de Corée.

Assuré de l'avenir, l'évêque donne libre cours à son zèle, il appelle de France les vaillantes filles de Saint-Paul de Chartres pour tenir son orphelinat et son hospice; il s'occupe activement de la formation d'un clergé indigène, établit sur un pied convenable son séminaire, envoie au collège général de Pinang plusieurs aspirants au sacerdoce, acquiert un terrain à la capitale pour y construire sa cathédrale, sa résidence et son séminaire.

Tous ces travaux ne l'absorbent pas au point de lui faire perdre de vue les chrétientés de la province. Il encourage et dirige le zèle et les labeurs de ses prêtres dont le nombre augmente chaque année et dont le ministère produit des fruits de plus en plus abondants de salut.

« Sauf les misères et les préoccupations de chaque jour, écrivait-il, nous sommes les missionnaires les plus heureux et les plus favorisés que je connaisse. Dieu est véritablement avec nous et nous entoure continuellement d'une sollicitude si paternelle, que c'est avec la plus grande joie que nous travaillons et portons le joug du Seigneur. Si chaque année voit grossir le nombre des ouvriers apostoliques en Corée, il est vrai de dire que le chiffre de nos chrétiens augmente en proportion. »

C'est au milieu de ces projets et de ces travaux que la mort est venue le frapper, il est allé au ciel chercher la récompense promise au bon et fidèle serviteur, en laissant à ses prêtres l'exemple d'une vie de travail et de résignation.

***

Il a eu pour successeur Mgr Mutel, ancien missionnaire en Corée et devenu directeur du Séminaire des Missions-Étrangères, mais que le désir de ses confrères rappela sur la terre qu'il avait évangélisée aux premiers jours de sa carrière apostolique.

Il fit à Séoul une entrée solennelle, avec visite de cérémonie au roi et aux autorités constituées. Un extrait de l'appel adressé par lui à la charité de ses compatriotes, donnera l'idée des progrès accomplis :

« Une abondante moisson a germé sur ce sol, engraissé du sang des martyrs. Le nombre des chrétiens était, en 1886, de 14,000; il est aujourd'hui de 20,840. La dernière administration nous a donné 1,443 baptêmes d'adultes. Les missionnaires, au nombre de 23, sont répandus dans la province. Un séminaire a été bâti, qui compte 36 élèves. Il a fallu tout à la fois, chapelles, orphelinat, hospice, résidences, et nos ressources ont été vite absorbées. Cependant deux œuvres qui nous tiennent grandement à cœur, sont encore à réaliser : un tombeau pour nos martyrs et une église cathédrale.

» Nos martyrs reposent encore au milieu des sépultures païennes, où la piété de nos chrétiens les a cachés et où seule encore elle sait les retrouver. Combien nous souffrons, et nos néophytes avec nous de voir ces précieux restes dans un tel abandon! Notre plus ardent désir serait de les relever, pour les déposer ensemble dans un tombeau plus convenable en attendant le jour où il nous sera permis de les placer sur nos autels.

» Le 8 mai 1892, la première pierre de la

cathédrale a été bénite et posée; les fondations sont faites et la bâtisse commence à sortir de terre. Mais les réserves sur lesquelles nous comptions pour cette œuvre nous font aujourd'hui défaut, et force nous est de recourir à la charité des fidèles de l'univers chrétien. Il s'agit d'abriter 1,500 chrétiens que nous ne savons où réunir, de donner à tous nos néophytes des huit provinces la consolation d'assister à la messe, quand ils viennent à la capitale. Pour tous, cette église est le signe ardemment désiré de cette liberté qu'ils ont achetée si cher. Dans les plus mauvais jours de la persécution, nos devanciers, les martyrs, ont entrevu le jour où ce monument serait élevé, et c'est autant pour remplir leur pieux désir que par reconnaissance envers la Vierge Marie, patronne de notre Corée, que cette église a été dédiée à son Immaculée-Conception. Au nom de cette bonne Mère, des martyrs ses témoins, de nos pauvres chrétiens ses fidèles serviteurs, nous osons solliciter les secours qui nous sont nécessaires, persuadés que notre confiance ne sera point trompée. »

CHAPITRE XV

La guerre Sino-Japonaise. — Le Père Jozeau massacré.

Les travaux se poursuivaient activement, lorsque la guerre civile éclata dans le nord du pays, puis bientôt la guerre du Japon contre la Chine.

Les Japonais envahirent la Corée, battirent les Chinois et le pays très troublé a aujourd'hui bien des malheurs à déplorer.

C'est au milieu de ces douloureuses circonstances qu'un missionnaire, le P. Jozeau, fut tué par des soldats chinois débandés.

Quelques jours avant sa mort, le jeune apôtre avait écrit au curé de son village cette belle lettre, pleine d'amour de Dieu et des âmes :

« Nous sommes ici dans une véritable guerre engagée depuis un mois par des rebelles ; le canon et les fusils retentissent de tous côtés; je me trouve juste au milieu du mouvement. Chaque jour, des centaines de soldats ou rebelles voyagent continuellement autour de chez moi. Les insurgés voudraient nous chasser, mais, jusqu'à ce jour, ils n'ont osé, sachant qu'à la capitale, et tout près, des vaisseaux de guerre de toute nationalité sont là pour nous défendre. Qu'en résultera-t-il ? On ne peut encore le savoir. Les Coréens incapables de supprimer cette rébellion, ont appelé les Chinois à leur secours. J'espère, par la divine Providence, n'avoir point d'affaires, et après tout, s'il faut y mourir, je n'aurai vraiment aucun regret en mourant à ma tâche.

» N'ayez point de soucis de cette affaire ; car, jusqu'à présent, il n'y a aucun risque ; du haut de mes montagnes, j'ai vu incendier la plus grande ville capitale de ma province, beaucoup de morts et de blessés chez les rebelles et dans la population. Priez Dieu de nous secourir, nous et nos chrétiens.

» Adieu, monsieur le Curé.

» Tout à vous, *in Christo*.

» M. JOZEAU,

» *Missionnaire apostolique en Corée.* »

Le P. Jozeau partit le 27 juillet, à cheval, accompagné d'un domestique. Quatre autres chrétiens le suivaient à pied ; mais ils furent bientôt devancés de trente ou quarante lys par le missionnaire, qui avait résolu de gagner Séoul en quatre jours. Il passa le fleuve de Kong-tjyou le 28 après midi, et alla coucher à quarante lys de là, à une auberge appelée Koang-tjyeng.

Le lendemain matin, 29, il se remit en route, mais à peine avait-il fait quelques lys qu'il rencontra l'armée chinoise fuyant sur Kong-tjyou. Les premiers bataillons le laissèrent passer. Un peu plus loin il se butta à un groupe de rebelles coréens, et c'est très probablement à leur suggestion que le général chinois qui se trouvait là le fit arrêter par ses soldats.

Une classe en Corée.

« Je dois faire remarquer ici, écrit Mgr Mutel, que, depuis le 23 juillet, un grand changement s'était produit dans les esprits des rebelles, et peut-être aussi des Chinois. En s'emparant du palais royal et en mettant la main sur la personne du roi, les Japonais blessèrent le sentiment national des Coréens; les rebelles qui précédemment étaient partis en campagne contre l'administration du roi, se donnèrent, à partir de ce moment, comme les défenseurs de son autorité ; ils s'allièrent alors aux Chinois pour pouvoir se venger des Japonais et même des Européens que le peuple croyait plus ou moins complices de leur agression.

» Les Chinois, déjà en partie défaits, et à la veille d'être culbutés de leurs positions par les Japonais, acceptèrent volontiers l'alliance des rebelles Tong-hak qu'ils étaient venus combattre. Ils voulaient sans doute s'en servir comme guides et comme approvisionneurs de leurs troupes en fuite.

» Le général chinois dont il s'agit ici est appelé par les témoins coréens *Syep-tai-in,* en chinois : *Iei-ta-jên.* Ce renseignement est absolument certain. Il vient d'un des soldats de la suite du général. Les Coréens lui ayant demandé par écrit quel était le nom du général, il écrivit, de son doigt sur le sable, les trois mots *Iei-ta-jên.* »

Après avoir fait arrrêter le P. Jozeau, le général, assisté d'un interprète coréen, l'interrogea :

— De quel pays êtes-vous?

— Je suis Français.

— D'où venez-vous ?

— Je viens du Tjyen-la-to, des environs de Tjyen-tjyou..

— Que faites-vous dans le Tjyen-la-to?

— Je ne me suis jamais mêlé de rien que d'enseigner la doctrine chrétienne.

— Pourquoi donc avez-vous quitté le Tjyen-la-to?

— J'ai dû partir à cause des Tong-hak, qui nous menaçaient de mort, moi et les chrétiens.

— N'avez-vous point vu de Japonais?

— Non.

— Où allez-vous?

— A Séoul.

— Puisque vous allez à Séoul, retournons ensemble à Kong-tjyou; de là nous ferons route de concert pour Séoul.

Le P. Jozeau vit bien, sans doute, qu'on lui tendait un piège; mais dans l'impossibilité de résister, il se laissa conduire où l'on voulut. Une escouade de soldats le mit entre ses rangs et le fit marcher à pied, en le gardant de près; de temps en temps, ces soldats poussaient des cris sauvages. Après avoir ainsi cheminé quelque temps, le missionnaire, fatigué de la marche et de la chaleur très vive, fit signe à son domestique qui conduisait son cheval par la bride, d'approcher des rangs; mais on ne voulut pas permettre au Père de monter à cheval, et il dut, bon gré mal gré, continuer son chemin de croix.

*
* *

Avant d'arriver au fleuve de Kong-tjyou, il y a sur le bord de la route, à une auberge appelée Kam-na-moû-kol, un petit pavillon oûvert, entretenu par l'administration de la ville et servant de salle d'attente pour les hôtes de distinction qui y arrivent. C'est là que les mandarins sortant de charge ont coutume d'échanger les politesses d'usage avec ceux qui viennent les remplacer. Le gouverneur de Kong-tjyou, apprenant l'arrivée des troupes chinoises, envoya à la rencontre du général le mandarin et le juge criminel, tous deux magistrats de la ville. La rencontre se fit précisément dans ce pavillon.

Après les premières politesses échangées, le général chinois entra dans le pavillon et s'y assit; à sa droite et à sa gauche s'assirent également le mandarin militaire et le juge criminel.

Le P. Jozeau, harassé de fatigue, s'arrêta comme tout le monde devant l'auberge, et là nombre de Coréens s'assemblèrent en curieux autour de lui. Aucun n'osait, à cause des soldats, lui adresser la parole. L'apôtre dit alors à haute voix :

— Je suis missionnaire français; j'ai été arrêté par les Chinois ce matin et je n'ai rien pris de la journée; donnez-moi, s'il vous plaît, une tasse de vin.

L'aubergiste en apporte aussitôt une tasse. Le prêtre y porta ses lèvres, mais les soldats ne lui donnèrent pas le temps de la vider, ils se jetèrent brutalement sur lui, et le vin tomba en partie à terre.

A ce moment, le général fit appeler le missionnaire par son interprète à son tribunal. Le P. Jozeau crut l'occasion favorable de s'expliquer plus clairement près des deux magistrats coréens, et il essaya d'entrer à son tour dans le pavillon. Les soldats le repoussèrent violemment et même le forcèrent à s'agenouiller sur la terre nue, comme un criminel, en présence de ses trois juges. Il y eut là un nouvel interrogatoire de quelques instants. Tout ce que l'on sait, c'est que le prisonnier renouvela devant ses juges sa déclaration :

— Je sûis un missionnaire français.

Puis le cortège se remit en route. En arrivant sur la rive droite du fleuve qu'il fallait traverser pour gagner Kong-tjyou, le mandarin militaire et le juge criminel entrèrent dans une barque, et le général chinois dans une autre. Le P. Jozeau monta dans la barque du général. Celui-ci, extérieurement du moins, ne parut pas s'en offenser; mais presque aussitôt des soldats chinois se jetèrent sur le prêtre et l'entraînèrent de force dans une autre barque déjà remplie de leurs camarades et qui passa la première.

En débarquant sur l'autre rive, le missionnaire fut aussitôt entouré et serré de près par les soldats passés avec lui. Autour d'eux, à peu de distance, se tenait la foule des Coréens sortis de la ville en curieux pour voir défiler les troupes. Il y avait parmi eux des chrétiens, dont l'un reconnut immédiatement le prisonnier pour un missionnaire, l'autre pour le P. Jozeau qu'il avait vu précédemment. Beaucoup de curieux païens disaient à haute voix que c'était l'Européen qu'on avait vu passer la veille, montant à Séoul.

Le P. Jozeau (1) avait le bas de ses vêtements tout mouillé et couvert de boue ; il se tenait droit au milieu du cercle des soldats chinois, dans une attitude tranquille, ou plutôt résignée. Tantôt il les regardait avec assurance comme un homme sans peur et sans reproche; tantôt il levait les yeux au ciel dans l'attitude de la prière.

*
* *

Brusquement, un soldat s'approcha par derrière, lui prit la tête entre les deux mains et fit un effort violent comme pour le soulever; les témoins pensent qu'on voulait par là allonger le cou de la victime et le rendre plus souple au coup de sabre.

Presque aussitôt on vit le missionnaire faire un bond en l'air; les uns pensent qu'il fut à ce moment piqué aux reins par les soldats et que la douleur subite le fit ainsi bondir; d'autres, qu'il essaya peut-être de s'arracher à ses bourreaux pour se jeter dans le fleuve et tenter de se sauver à la nage. Mais il fut retenu par quatre soldats, qui, lui prenant les bras, les ramenèrent derrière le dos : il tomba, la tête en avant. A ce moment, d'autres soldats le frappèrent de leurs sabres. Le premier coup porta sur la nuque; le second sur la tête même et on vit la cervelle jaillir. La victime

(1) Lettre de Mgr Mutel, *Missions catholiques*, 9 novembre 1894.

ne s'affaissa qu'au cinquième coup de glaive, mais la tête ne fut pas entièrement séparée du tronc. On le frappa aussi sur les bras et sur les jambes. Il était environ cinq heures du soir, le dimanche 29 juillet.

Le lieu de l'exécution est la plage de sable de la rive gauche du fleuve, lieu qui sert à la ville de Kong-tjyou pour l'exécution des criminels de marque.

*
* *

Le domestique du missionnaire avait assisté à son exécution : il était là à quelques pas de la scène, tenant toujours le cheval par la bride. Les soldats chinois ne paraissaient pas faire attention à lui, quand un des Tong-hak qui les accompagnaient, s'écria :

— Et ce coquin de valet, où est-il?

En entendant ces mots, le pauvre homme essaya de fuir ; mais il fut appréhendé au bout de quelques pas par des soldats chinois qui le frappèrent de deux coups de sabre sur le cou. Il s'affaissa, mais comme il respirait encore, on l'acheva de deux coups de fusils tirés dans le dos à bout portant. C'était un nouveau chrétien que le P. Jozeau avait engagé à la ville de Tjyen-tjyou pour ce voyage seulement. Il laisse une veuve et un enfant de six ans.

Les barques du général chinois et des magistrats coréens n'accostèrent sur la rive gauche qu'après ce double meurtre; ils virent de leurs yeux les cadavres des deux victimes sans paraître d'ailleurs se soucier de ce qui venait de se passer. Un soldat chinois, arrivé après l'exécution, fouilla les habits du P. Jozeau et lui enleva son crucifix, son scapulaire et son chapelet; ce que voyant, les deux autres chrétiens coréens crurent que ce soldat était aussi chrétien ; mais ils furent bientôt détrompés en voyant ce misérable faire rouler d'un coup de pied le cadavre du prêtre sur la berge du fleuve et le laisser à moitié plongé dans l'eau.

Pendant deux jours et deux nuits, les chrétiens cherchèrent en vain l'occasion de confier à la terre les restes abandonnés du missionnaire; le passage continuel des troupes et l'affluence des curieux les en empêchèrent. Enfin, dans la nuit du 31 juillet au 1er août, réussissant à tromper toute surveillance, ils creusèrent tant bien que mal dans le sable et non loin de la rive, une fosse où ils déposèrent en toute hâte les dépouilles vénérées de leur Père qu'ils enveloppèrent d'une simple natte.

Aujourd'hui, par les soins de Mgr Mutel, le corps du P. Jozeau repose en terre sainte, et les missionnaires qui arrivent de France peuvent en foulant le sol coréen, aller prier en liberté sur sa tombe.

L'histoire de l'Église de Corée s'est ouverte par

le martyre d'un prêtre chinois ; à près d'un siècle de distance elle se termine par le massacre d'un prêtre français : entre ces deux époques éloignées que de sang a coulé, que de tribulations ont accablé les chrétiens coréens. Puisse la divine Providence donner à ce pays la bénédiction qu'il a si glorieusement méritée et lui faire la grâce de s'agenouiller bientôt aux pieds de la croix conquérante et suzeraine.

FIN

TABLE

— Lille. Typ. A. Taffin-Lefort. —

www.ingramcontent.com/pod-product-compliance
Ingram Content Group UK Ltd.
Pitfield, Milton Keynes, MK11 3LW, UK
UKHW020125200726
13856UKWH00002B/736